그림풀이 한자 검정시험 5급

 令 令 令

order   집 안에 있는 자에게 명령하다   (명령할 하여금 령)

peaceful   집에 여자가 있으면서 일을 돌보니 (집안이) 편안하다   (편안할 안)

 休 休 休

rest   사람이 나무 밑에서 쉬다   (쉴 휴)

국립중앙도서관 출판시도서목록(CIP)

그림풀이 한자 검정시험 5급 / 편저 : 엄기창. ─ 서울 : 퀸출판사, 2007
　p. ;　　cm

권말 부록으로 "기출 및 예상문제" 수록
색인 수록

ISBN 978-89-92620-02-4 53710 : ₩9,000

711.47-KDC4　　　　　　　　　　　　　　　CIP2007001080

검정 시험 5급

2006년　8월　1일 초판인쇄
2022년 10월 15일 11판인쇄

編　者 : 嚴基昌
發行人 : 盧富江
發行處 : 퀸 출판사

주소 : 서울 특별시 영등포구 대림1동 906-54
등록 : 1999년 10월 25일(제12-268호)
TEL : (02)848-7618
FAX : (02)832-0618
H.P : 011-9112-7618
　　　010-6668-7618

정가 : 9,000원

머리말

지금 세상은 너무나 빠르게 변하고 있습니다.

그 속에서 오늘날 소외되었던 한문의 중요성은 점점 더 우리를 한문 공부를 하지 않을 수 없는 궁지로 몰아넣고 있습니다. 쉽사리 이해할 수 없는 한자. 시간은 없고 마음만 조급해집니다.

이러한 독자 여러분의 고민을 풀어드리기 위하여 폐사(弊社)에서는 종래의 상형문자화된 한자에 현대감각을 더 가미하여 그림으로 쉽게 이해할 수 있는 100% 그림 풀이 한문책을 출간하였습니다.

이제 우리는 이 책으로 한자 하나 하나의 그림 풀이를 직접 보고 그 속에서 한자를 익힐 수 있게 되었으니, 옛 말대로 百聞이 不如一見이라는 平凡한 진리를 이 책이 실증하여 줄 것입니다.

독자 여러분의 건승을 빕니다.

감사합니다.

편자 씀

차 례

머리말 ··· 3

한자의 필순 ·· 5

본문

8級 配定한자(50字) ··· 7

7級 配定한자(100字)(하위급수 포함 150자) ············· 25

6級 配定한자(150字)(하위급수 포함 300자) ············· 61

5級 配定한자(200字)(하위급수 포함 500자) ············ 114

부록

찾아보기 자음 색인(字音索引) 및 기타

한자(漢字)의 필순(筆順)

1. 필순(筆順)·획순(劃順)의 뜻

한자를 쓸 때의 바른 순서를 필순(획순)이라 한다. 원칙적으로 각 글자는 일정한 필순이 정해져 있지만 몇몇 자는 둘 또는 세 가지의 필순을 가진 글자도 있다. 아래에 이 필순의 원칙을 열거하여 놓았으니 필순을 손에 익혀 아름다운 글씨를 쓰도록 노력하기 바란다.

2. 필순의 원칙

(1) 위에서 아래로 쓴다.

| 三 | 一 | 二 | 三 | | |

| 言 | 丶 | 亠 | 言 | | |

(2) 가로 획을 먼저 쓰고, 세로 획을 나중에 쓴다.

| 十 | 一 | 十 | | | |

| 土 | 一 | 十 | 土 | | |

(3) 왼쪽에서 오른쪽으로 쓴다.

| 川 | 丿 | 刂 | 川 | | |

| 明 | 日 | 明 | | | |

(4) 좌우가 대칭일 때는 가운데를 먼저 쓴다.

| 小 | 亅 | 小 | 小 | | |

| 水 | 亅 | 氵 | 水 | | |

(5) 삐침(丿)을 먼저 쓰고, 파임(㇏)은 나중에 쓴다.

| 文 | 亠 | 㐅 | 文 | | |

| 史 | 口 | 叱 | 史 | | |

(6) 전체를 꿰뚫는 획은 나중에 쓴다.

| 中 | 丶 | 口 | 口 | 中 | |

| 車 | 一 | 日 | 亘 | 車 | |

(7) 좌우로 꿰뚫는 획도 나중에 쓴다.

| 女 | ㇈ | 㐅 | 女 | | |

| 舟 | 丿 | 刀 | 月 | 舟 | |

(8) 둘러싼 모양의 글자는 둘레를 먼저 쓴다.

| 回 | 丨 | 冂 | 回 | 回 | |

| 國 | 丨 | 冂 | 國 | 國 | |

(9) 오른쪽 위에 있는 점은 나중에 쓴다.

| 犬 | 一 | 大 | 犬 | | |

| 戈 | 一 | 戈 | 戈 | | |

⑽ 받침은 나중에 쓰는 경우와 먼저 쓰는 경우가 있다.

　㉠ 책받침(辶), 민책받침(廴)은 나중에 쓴다.

　近 | 斤 | 近 | | | 　　　建 | 圭 | 建 | | |

　㉡ '走', '是', '免' 등은 먼저 쓴다.

　起 | 走 | 起 | | | 　　　題 | 是 | 題 | | |

⑾ 두 가지 이상의 필순이 있는 경우

　㉠ 초두(艹)의 경우

　艹 | 一 | 十 | 艹 | 艹 | 　　　艹 | 一 | 十 | 艹 | 艹 |

　㉡ '必'의 경우

　必 | 丶 | 丷 | 必 | 必 | 必 | 　　　必 | 丿 | 必 | 必 | 必 | 必 |

⑿ 세로 획을 먼저 쓰는 경우

　㉠ '王'의 경우

　王 | 一 | 丁 | 千 | 王 | | 　　　差 | 䒑 | 羊 | 差 | | |

　㉡ '田'의 경우

　田 | 冂 | 皿 | 田 | | | 　　　曲 | 冂 | 曲 | 曲 | | |

　㉢ '里'의 경우

　里 | 曰 | 甲 | 里 | | | 　　　重 | 亠 | 重 | 重 | | |

　㉣ '佳'의 경우

　佳 | 亻 | 仹 | 佳 | | |

⒀ 특히 주의해야 할 필순

　戈 | 一 | 弋 | 戈 | | | 　　　左 | 一 | ナ | 左 | | |

　上 | 丨 | 卜 | 上 | | | 　　　止 | 丨 | 上 | 止 | 止 |

　可 | 一 | 口 | 可 | | | 　　　世 | 一 | 十 | 廿 | 世 | 世 |

　成 | 丿 | 厂 | 厂 | 成 | 成 |

한자 능력 검정 8급 배정 한자 50자

教	가르칠 교	攵(攴)(등글월문)부 7획 ⑪		先	먼저 선	儿(어진사람인)부 4획 ⑥
校	학교 교	木(나무목)부 6획 ⑩		小	작을 소	小(작을소)부 0획 ③
九	아홉 구	乙(새을)부 1획 ②		水	물 수	水(물수)부 0획 ④
國	나라 국	囗(에운담몸/큰입구몸)부 8획 ⑪		室	집 실	宀(갓머리)부 6획 ⑨
軍	군사 군	車(수레거)부 2획 ⑨		十	열 십	十(열십)부 0획 ②
金	쇠 금	金(쇠금)부 0획 ⑧		五	다섯 오	二(두이)부 2획 ④
南	남녘 남	十(열십)부 7획 ⑨		王	임금 왕	王(玉)(구슬옥)부 0획 ④
女	계집 녀	女(계집녀)부 0획 ③		外	바깥 외	夕(저녁석)부 2획 ⑤
年	해 년	干(방패간)부 3획 ⑥		月	달 월	月(달월)부 0획 ④
大	클 대	大(큰대)부 0획 ③		二	두 이	二(두이)부 0획 ②
東	동녘 동	木(나무목)부 4획 ⑧		人	사람 인	人(사람인)부 0획 ②
六	여섯 륙	八(여덟팔)부 2획 ④		一	한 일	一(한일)부 0획 ①
萬	일만 만	艹(초두)부 9획 ⑬		日	날/해 일	日(날일)부 0획 ④
母	어미 모	毋(말무)부 1획 ⑤		長	긴 장	長(긴장)부 0획 ⑧
木	나무 목	木(나무목)부 0획 ④		弟	아우 제	弓(활궁)부 4획 ⑦
門	문 문	門(문문)부 0획 ⑧		中	가운데 중	丨(뚫을곤)부 3획 ④
民	백성 민	氏(각시씨)부 1획 ⑤		靑	푸를 청	靑(푸를청)부 0획 ⑧
白	흰/아뢸 백	白(흰백)부 0획 ⑤		寸	손/마디 촌	寸(마디촌)부 0획 ③
父	아비 부	父(아비부)부 0획 ④		七	일곱 칠	一(한일)부 1획 ②
北	북녘 북	匕(비수비)부 3획 ⑤		土	흙 토	土(흙토)부 0획 ③
四	넉 사	囗(에운담몸/큰입구몸)부 2획 ⑤		八	쪼갤/여덟 팔	八(여덟팔)부 0획 ②
山	메 산	山(메산)부 0획 ③		學	배울 학	子(아들자)부 13획 ⑯
三	석 삼	一(한일)부 2획 ③		韓	한국 한	韋(가죽위)부 8획 ⑰
生	날 생	生(날생)부 0획 ⑤		兄	맏 형	儿(어진사람인)부 3획 ⑤
西	서녘 서	襾(덮을아)부 0획 ⑥		火	불 화	火(불화)부 0획 ④

| teach | 효도하라고 두들겨서 가르치다 | (가르칠 교) |

敎導	교도	가르쳐 인도함. 예)敎導所	〈導 인도할 도〉
敎示	교시	가르쳐 보임. 가르치는 것.	〈示 볼 시〉
敎旨	교지	교육의 취지. 종지(宗旨).	〈旨 뜻 지〉
敎化	교화	가르쳐서 감화(感化)하게 함.	〈化 화할 화〉

  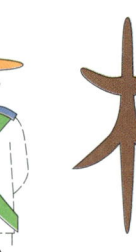 

| school | 꿈 나무들이 사귀며 공부하는 곳이 학교다 | (학교 교) |

校旗	교기	학교를 상징하는 깃발.	〈旗 기 기〉
校舍	교사	학교(學校)의 건물(建物).	〈舍 집 사〉
校閱	교열	원고·문서 따위를 교정하고 검열함.	〈閱 볼 열〉
校訂	교정	틀린 글자를 바르게 고침.	〈訂 바로잡을 정〉

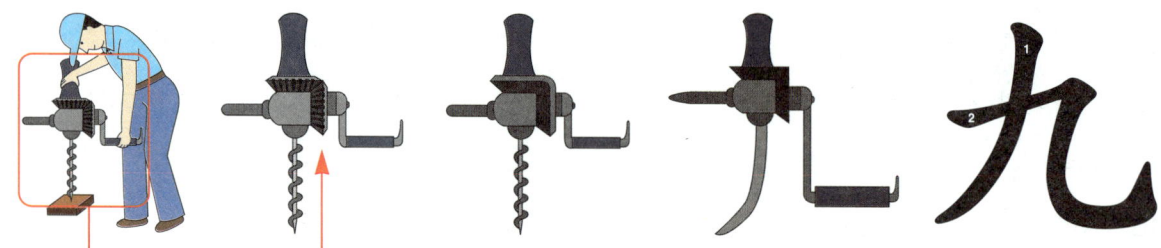

| nine | 구멍을 뚫으려고 드릴을 여러 번(아홉 번) 돌린다는 뜻 | (여러번 아홉 구) |

九十	구십	아흔.	〈十 열 십〉
九冬	구동	겨울철 90일 동안.	〈冬 겨울 동〉
九嬪	구빈	周나라 때 천자에 봉사한 9인의 궁녀.	〈嬪 궁녀 빈〉
九泉	구천	죽은 뒤에 넋이 돌아간다는 곳.	〈泉 샘 천〉

 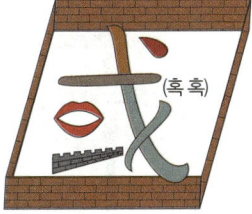 

창을 들고 입으로 성벽에서 혹시 적인가 하고 암호로 묻다

country (국경을) **에워싸고 혹시** 적이 올까 지키는 것이 **나라**다 (나라 **국**)

國交	국교	나라 사이의 교제. 예)國交斷絕.	〈交 사귈 교〉
國基	국기	그 나라가 이루어진 바탕.	〈基 터 기〉
國難	국난	국가가 당면한 중대한 위태로움.	〈難 어려울 난〉
國是	국시	국가가 내세운 기본 방침.	〈是 이 시〉

military (위장막을) **덮고** 포를 쏘는 자가 **군사**다 (군사 **군**)

軍納	군납	군에 필요한 물자를 납품하는 일.	〈納 들일 납〉
軍備	군비	국방상의 군사 설비. 전쟁의 준비.	〈備 갖출 비〉
軍人	군인	전쟁에 종사하는 것을 직무로 하는 사람. 육·해·공군 장병의 총칭.	〈人 사람 인〉
軍裝	군장	군인의 복장. 군대의 장비.	〈裝 차릴 장〉

gold **쇠**를 다루는 대장간의 모양을 본뜬 자. **쇠**를 뜻함 (쇠 **금**)

金石	금석	금속과 암석.	〈石 돌 석〉
金融	금융	돈의 융통.	〈融 녹을 융〉
金權	금권	금전을 많이 가지고 있는 데서 생기는 권력. 돈의 위력.	〈權 권세 권〉
金氏	김씨	김씨.	〈氏 각시 씨〉

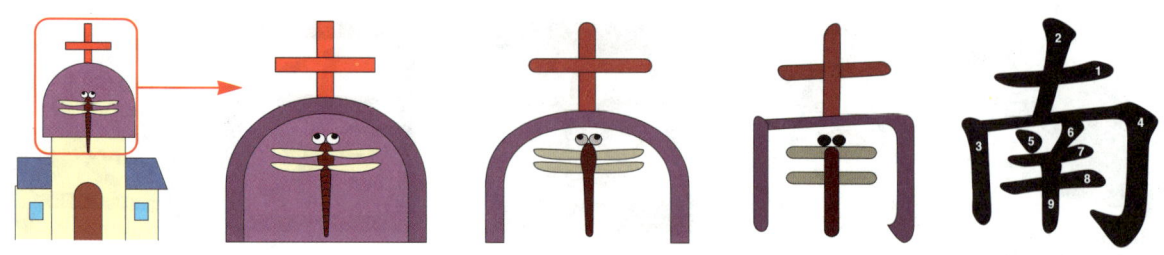

	south	교회 지붕에 잠자리가 앉은 곳이 양지바른 남쪽(녘)이다	(남녘 남)
南面	남면	남쪽으로 향함.	〈面 얼굴 면〉
南道	남도	경기도 이남의 땅. 충청, 경상, 전라의 삼도의 땅.	〈道 길 도〉
南風	남풍	남쪽에서 불어오는 바람. 마파람. ⑲북풍(北風)	〈風 바람 풍〉
南向	남향	남쪽으로 향함.	〈向 향할 향〉

	female	여자의 모양을 본뜬 글자	(계집 녀)
女傑	여걸	호걸스러운 여자. 사내같은 여자.	〈傑 뛰어날 걸〉
女權	여권	여성의 권리. ⑳女權伸張	〈權 권세 권〉
女史	여사	사회적 지위가 있는 여성의 경칭.	〈史 역사 사〉
女丈夫	여장부	굳세고 걸걸한 여자.	〈丈 어른장/夫 지아비 부〉

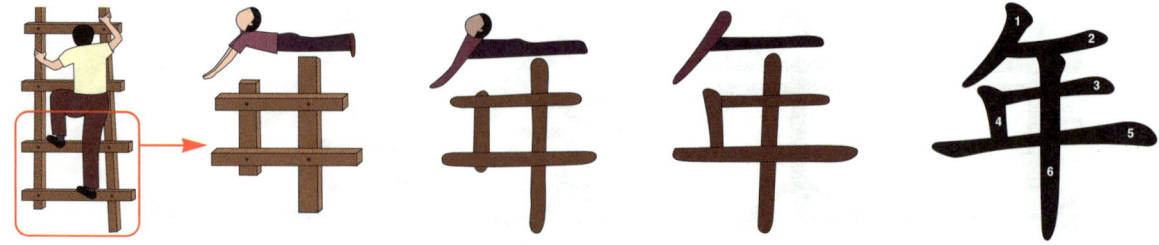

	year	사람이 넘는 세월의 사다리가 해다	(해 년)
年代	연대	지나온 시대.	〈代 대신 대〉
年度	연도	사무나 회계 처리상 편의에 따라 구분한 일년 간의 기간.	〈度 법도 도〉
年例	연례	여러 해 동안 내려오는 전례.	〈例 법식 례〉
年輩	연배	서로 비슷한 나이.	〈輩 무리 배〉

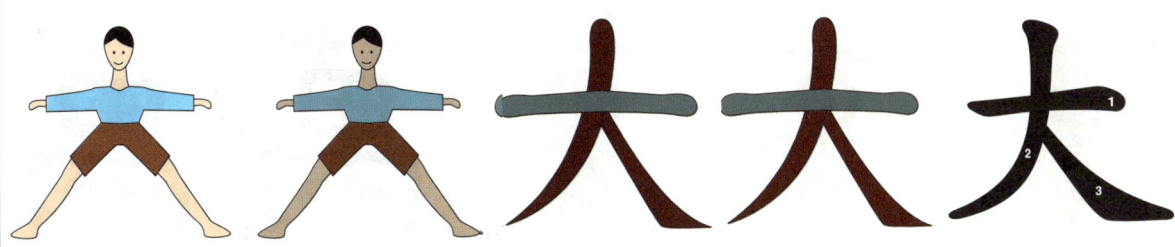

big / great 사람이 양 팔과 다리를 크게 벌리고 있는 모양 (클 대)

大概	대개	대부분(大部分). 대체로. 대강.	〈概 대개 개〉
大局	대국	큰 판국. 또는 대강의 판국.	〈局 판국〉
大成	대성	크게 이룸. 크게 성취(成就)함.	〈成 이룰 성〉
大丈夫	대장부	장하고 씩씩한 사나이라는 뜻.	〈丈 어른 장 / 夫 지아비 부〉

east (아침마다) **나무** 뒤로 **해**가 떠 오르는 쪽이 **동녘**이다 (동녘 동)

東亞	동아	동아시아(東亞細亞)의 약어.	〈亞 버금 아〉
東洋	동양	터키의 동쪽에 있는 아시아 지역.	〈洋 바다 양〉
極東	극동	한국·중국·일본·필리핀 지역.	〈極 지극할 극〉
近東	근동	서남(西南) 아시아의 총칭.	〈近 가까울 근〉

six (초립 모자의 모양)
옛날에는 만 **여섯** 살이 되어야 결혼을 하고 초립을 썼음 (여섯 륙)

六甲	육갑	60갑자의 준말. 시일(時日)의 간지(干支).	〈甲 갑옷 갑〉
六法	육법	여섯 가지의 기본이 되는 법률. 곧 헌법·형법·민법·상법·형사소송법·민사소송법.	〈法 법 법〉
六書	육서	한자의 여섯 가지 원리. 곧 상형·지사·회의·형성·전주·가차.	〈書 글 서〉
六旬	육순	육십 일. 예순 살.	〈旬 열흘 순〉

ten thousand 수만 마리가 무리지어 모여 사는 벌의 모양을 본뜬 자 **(일만 만)**

萬鍾	만종	대단히 많은 분량. 많은 미곡·복록.	〈鍾 술잔 종〉
萬感	만감	복잡한 감정. 온갖 감회(感懷).	〈感 느낄 감〉
萬難	만난	온갖 어려움. 복잡한 많은 어려움.	〈難 어려울 난〉
萬全	만전	아주 완전함.	〈全 온전 전〉

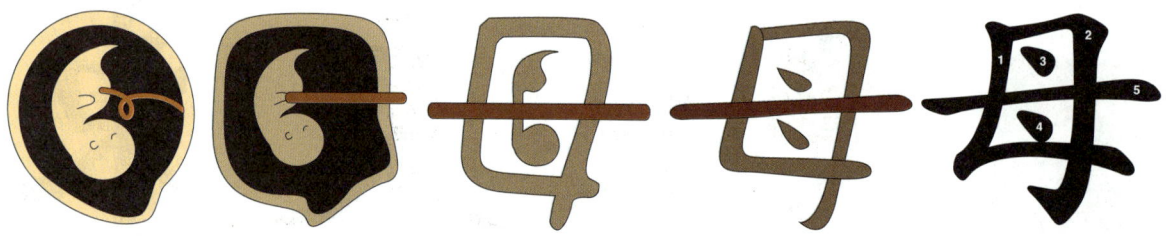

mother 아이를 밴 어머니의 배를 본뜬 글자 **(어미 모)**

母國	모국	외국에 있는 사람이 자기가 출생한 나라를 가리키는 말.	〈國 나라 국〉
母性	모성	어머니로서 가지는 정신적·육체적 특성.	〈性 성품 성〉
母親	모친	어머니. ⓑ부친(父親)	〈親 친할 친〉
母胎	모태	어머니의 태 안. 사물의 발생·발전의 근거가 되는 토대.	〈胎 아이밸 태〉

tree 나무의 모양을 본뜬 자 **(나무 목)**

木刻	목각	나무를 재료로 하여 조각함.	〈刻 새길 각〉
木工	목공	나무로 물건을 만드는 일.	〈工 장인 공〉
木石	목석	인정미가 전혀 없는 사람.	〈石 돌 석〉
木製	목제	나무로 만든 물건. 목조(木造).	〈製 지을 제〉

gate

문의 모양을 본뜬 글자　　　　　　(문 **門**)

門客	문객	집안에 있는 식객.	〈客 손 객〉
門樓	문루	궁문이나 성문 위에 지은 다락집.	〈樓 다락 루·누〉
門閥	문벌	대대로 내려오는 가문의 지체.	〈閥 문벌 벌〉
門下	문하	학문의 가르침을 받는 스승의 아래. 집안.	〈下 아래 하〉

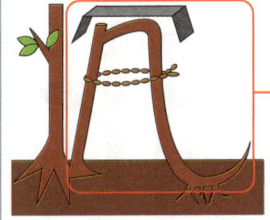

나뭇가지를 휘어 묶어 뿌리를 내리게 하는 모양

(성 / 뿌리 씨)

people

덮어싸듯 여러 뿌리(성씨)로 이루어진 무리가 **백성**이다　　(백성 **民**)

民間	민간	일반국민의 사회.	〈間 사이 간〉
民國	민국	민주정치를 시행하는 나라.	〈國 나라 국〉
民本	민본	국민을 위주로 함.	〈本 근본 본〉
民心	민심	국민의 마음.	〈心 마음 심〉

white

숟가락이 흰 밥에 꽂힌 모양. **흰** 밥을 드시라고 **아뢰다**　　(흰/아뢸 **白**)

白骨	백골	송장의 살이 썩고 남은 뼈.	〈骨 뼈 골〉
白雲	백운	흰 구름. 예)白雲臺	〈雲 구름 운〉
白水	백수	깨끗하고 맑은 물.	〈水 물 수〉
獨白	독백	홀로 중얼거림.	〈獨 홀로 독〉

father 견대를 **좌우**로 걸친 **아버지**의 모양을 본뜬 글자 (아비 **부**)

父教	부교	아버지의 교훈.	〈敎 가르칠 교〉
父女	부녀	아버지와 딸. ㉠父女相逢	〈女 계집 녀〉
父母	부모	아버지와 어머니. ㉑兩親	〈母 어미 모〉
父事	부사	아버지로서 공경하여 섬김.	〈事 일 사/섬길 사〉

north (두 사람이 등을 돌리고 있는 모양) **북녘**을 뜻함
(집을 지을 때 북쪽을 등지게 하고 짓기 때문임) (북녘 **북**)

北極	북극	지축의 북쪽 끝. ㉠北極地方.	〈極 지극할 극〉
北伐	북벌	북쪽의 나라를 토벌하는 일.	〈伐 칠 벌〉
北風	북풍	북쪽에서 불어 오는 바람.	〈風 바람 풍〉
敗北	패배	싸움에 짐. ㉰勝利 ㉑敗走	〈敗 패할 패〉

four **에워싼** 주위를 **나누면** 동서남북 네 방위다 (넉 **사**)

四角	사각	네 구석에 모가 있는 꼴.	〈角 뿔 각〉
四顧	사고	사방을 돌아봄. ㉠四顧無親	〈顧 돌아볼 고〉
四方	사방	여러 곳. 네 방향.	〈方 모 방〉
四柱	사주	사람의 난 해·달·날·시의 4가지.	〈柱 기둥 주〉

mountain　　　산의 모양을 본뜬 글자　　　　　　　　　　　(메 **산**)

山林	산림	산에 있는 숲. ㉠山林綠化.	〈林 수풀 림〉
山城	산성	산에 쌓은 성. ㉠北漢山城	〈城 재 성〉
山水	산수	산과 물. ㉠山水畵 / 山水菊	〈水 물 수〉
山積	산적	물건이 산더미같이 많이 쌓임.	〈積 쌓을 적〉

three　　　나무토막이 **세 개** 있는 모양　　　　　　　(석 **삼**)

三多	삼다	복이 많고 장수하며 자손이 많은 일.	〈多 많을 다〉
三思	삼사	여러 번 생각함.	〈思 생각 사〉
三者	삼자	당사자 이외의 사람.	〈者 놈 자〉
三唱	삼창	만세 따위를 세 번 부름.	〈唱 부를 창〉

be born　　　풀 포기에서 열매가 생겨 나는 모양　　　(날 **생**)

生計	생계	살아가는 방도나 형편.	〈計 계산 계〉
生氣	생기	싱싱하고 힘찬 기운.	〈氣 기운 기〉
生動	생동	살아 움직임. ㉠萬物生動.	〈動 움직일 동〉
生疎	생소	익숙하지 못하여 낯이 섦.	〈疎 성길 소〉

	west	새가 **보금자리**를 찾을 때가 해가 **서녘**으로 기울 때다	(서녘 西)
西紀	서기	서력기원.	〈紀 벼리 기〉
西方	서방	서쪽. 서녘.	〈方 모 방〉
西部	서부	서쪽 부분.	〈部 구분 부〉
西洋	서양	유럽과 아메리카 주의 여러나라.	〈洋 바다 양〉

	first	동물 중에 **소**를 **어진 사람**이 제일 **먼저** 가축으로 부리다	(먼저 先)
先覺	선각	남보다 앞서서 도나 사물을 깨달음.	〈覺 깨달을 각〉
先見	선견	일이 일어나기 전에 미리 앎.	〈見 볼 견〉
先攻	선공	야구 따위에서 먼저 공격하는 일.	〈攻 칠 공〉
先導	선도	앞에서 서서 인도함.	〈導 인도할 도〉

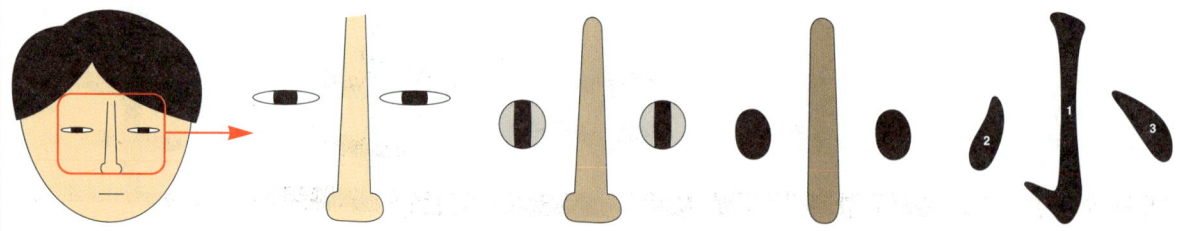

	small / little	눈과 코와 입이 **작다**	(작을 小)
小康	소강	병이 조금 나아 감. 소란하던 세상이 조금 안정됨.	〈康 편안할 강〉
小船	소선	작은 배. 거룻배.	〈船 배 선〉
小心	소심	조심성이 많음. 주의함. 담력이 적음.	〈心 마음 심〉
小作	소작	남의 땅을 빌어서 농사를 지음.	〈作 지을/만들 작〉

水水水水

water 물이 흘러가는 모양을 그린 글자 **(물 수)**

水魔	수마	몹시 심한 수재(水災).	〈魔 마귀 마〉
水準	수준	사물의 표준. 예)水準級.	〈準 준할 준〉
水平	수평	잔잔한 수면처럼 평평한 상태.	〈平 평평할 평〉
洪水	홍수	큰 물. 한물. 반)旱魃	〈洪 넓을 홍〉

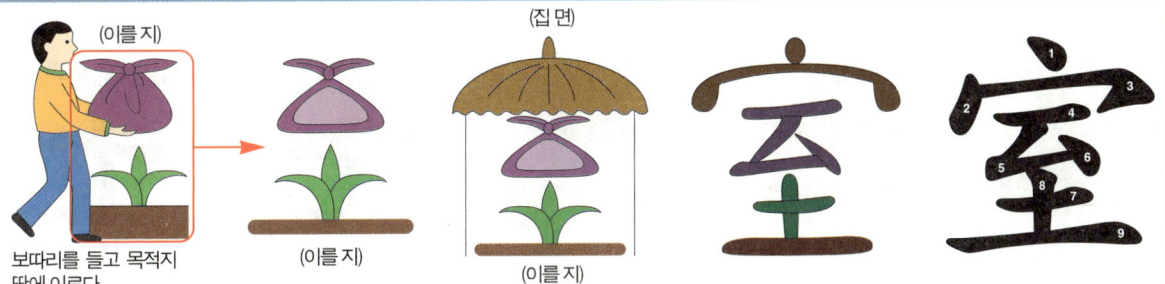

room 집에 이르니(닿으니) 집이다 **(집 실)**

室宿	실수	별의 이름. 이십팔수의 열세 번째 별.	〈宿 잘숙/별 수〉
室人	실인	주인. 자기의 아내를 일컫는 말. 집안사람.	〈人 사람 인〉
室之樂	실지락	부부 사이의 화락.	〈之 갈지/樂 즐거울 락〉
密室	밀실	남이 함부로 출입 못하게 한 비밀의 방.	〈密 비밀할/빽빽할 밀〉

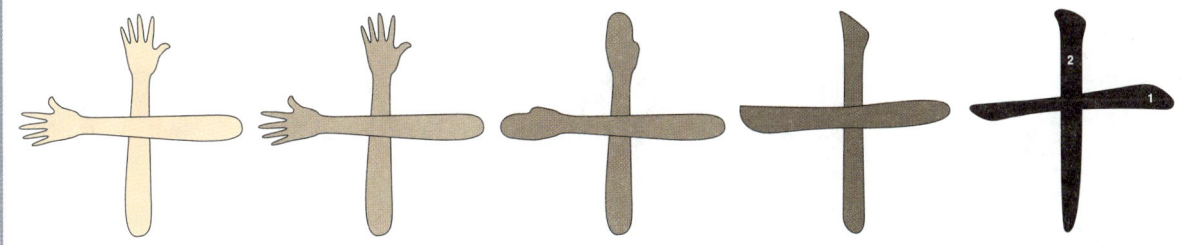

ten 교차시킨 양 팔의 손가락 수가 열 개다 **(열 십)**

十誡命	십계명	기독교에서의 열 가지 율법.	〈誡 경계 계/命 목숨 명〉
十分	십분	부족한 것이 없이 넉넉함.	〈分 나눌 분〉
十餘	십여	여남은.	〈餘 남을 여〉
十全	십전	모두가 갖추어져 전혀 결점이 없음.	〈全 온전 전〉

8級

five

나무토막이 **다섯** 개 있는 모양 (다섯 오)

五穀	오곡	5가지 곡식.(쌀, 보리, 조, 콩, 기장).	〈穀 곡식 곡〉
五達	오달	길이 5 군데로 통함.	〈達 다다를 달〉
五輪	오륜	5개의 고리. 올림픽 마크.	〈輪 바퀴 륜〉
五倫	오륜	5가지의 인륜(人倫).	〈倫 인륜 륜〉

king

임금이 앉아 있는 모양을 본뜬 글자 (임금 왕)

王家	왕가	왕의 집안.	〈家 집 가〉
王大妃	왕대비	생존한 선왕의 비.	〈大 큰대 / 妃 왕비 비〉
王道	왕도	임금이 마땅히 지켜야 할 길.	〈道 길 도〉
王孫	왕손	임금의 손자 또는 후손.	〈孫 손자 손〉

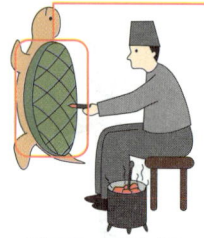    

거북 등을 지져 갈라진 금을 보고 점치다 / 반달의 모양 (저녁 석) / (점칠 복)

outside

(반달이 뜨는)**저녁**에 **점치는** 일은 상례 **밖**의 일이다 (바깥 외)
(점은 본디 아침에 치는 것이 상례였음)

外廓	외곽	바깥 테두리. 둘러싼 부분.	〈廓 둘레 곽〉
外觀	외관	겉으로 나타난 볼품. 겉보기.	〈觀 볼 관〉
外面	외면	대면하기를 꺼려 얼굴을 돌림.	〈面 낯 면〉
外患	외환	외적의 침노에 대한 근심.	〈患 근심 환〉

	moon	**구름**에 걸린 **반달**의 모양	(달 **월**)
月刊	월간	매달 한 번씩 간행함. 또 그 간행물.	〈刊 펴낼 간〉
月桂	월계	월계수. 달 속에 있다는 계수나무. 달빛. 과거에 급제함.	〈桂 계수나무 계〉
月收	월수	다달이 들어오는 수입.	〈收 거둘 수〉
月報	월보	다달이 내는 보고나 보도. 또 그 인쇄물.	〈報 알릴 보〉

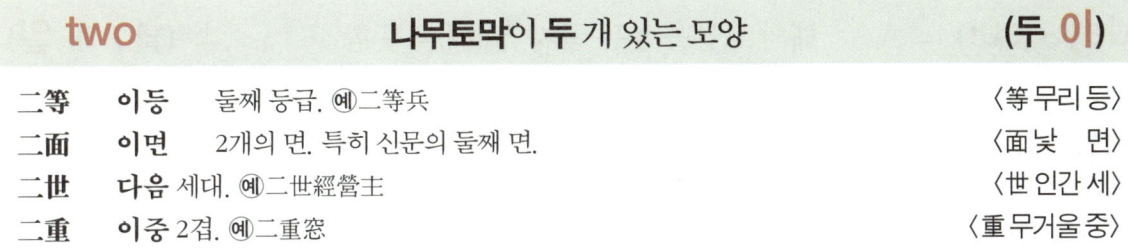

	two	**나무토막**이 **두** 개 있는 모양	(두 **이**)
二等	이등	둘째 등급. ㉔二等兵	〈等 무리 등〉
二面	이면	2개의 면. 특히 신문의 둘째 면.	〈面 낯 면〉
二世	다음	세대. ㉔二世經營主	〈世 인간 세〉
二重	이중	2겹. ㉔二重窓	〈重 무거울 중〉

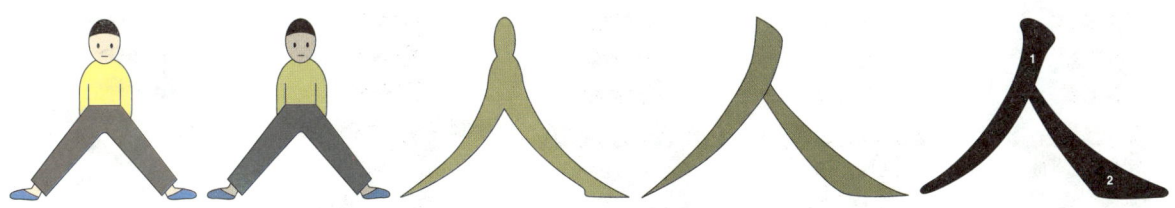

	man	**사람**의 모양을 본뜬 글자	(사람 **인**)
人格	인격	사람의 품격.	〈格 격식 격〉
人工	인공	사람이 하는 일. 사람이 자연물에 가공하는 일. 인조	〈工 장인 공〉
人倫	인륜	사람으로서의 떳떳한 도리.	〈倫 인륜 륜〉
人命	인면	사람의 목숨.	〈命 목숨 명〉

one　　　　　　　나무토막이 **하나** 있는 모양　　　　　　(한 **일**)

一念	일념	한결같은 마음. 예)愛國一念	〈念 생각 념〉
一代	일대	사람의 한 평생. 예)一代記	〈代 대신 대〉
一切	일체	모두. 전부. 아주. 도무지.	〈切 모두 체〉
一致	일치	서로 맞음 예)性格一致	〈致 이를 치〉

day / sun　　　　해의 모양을 본뜬 글자. 날(해)을 뜻함　　　　(날 / 해 **일**)

日刊	일간	매일 간행함. 예)日刊新聞	〈刊 펴낼 간〉
日氣	일기	그날의 천기. 예)日氣豫報	〈氣 기운 기〉
日輪	일륜	태양(太陽).	〈輪 바퀴 륜〉
日程	일정	매일 할 일의 예정. 예)日程表	〈程 길 정〉

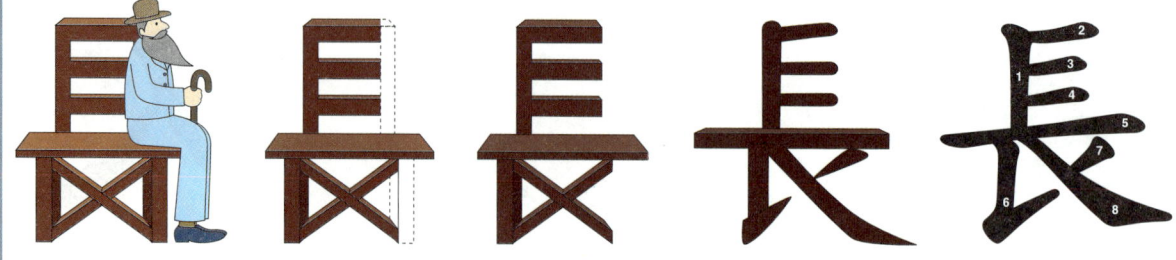

long　　　　　　의자에 앉은 분이 수염이 **긴 어른**이다　　　　(긴 어른 **장**)

長考	장고	긴 시간에 걸쳐 생각함.	〈考 상고 고〉
長老	장로	덕이 많고 나이 많은 이의 존칭	〈老 늙을 로〉
長生	장생	오래도록 삶.	〈生 날 생〉
長安	장안	서울을 수도라는 뜻으로 일컫는 말.	〈安 편안 안〉

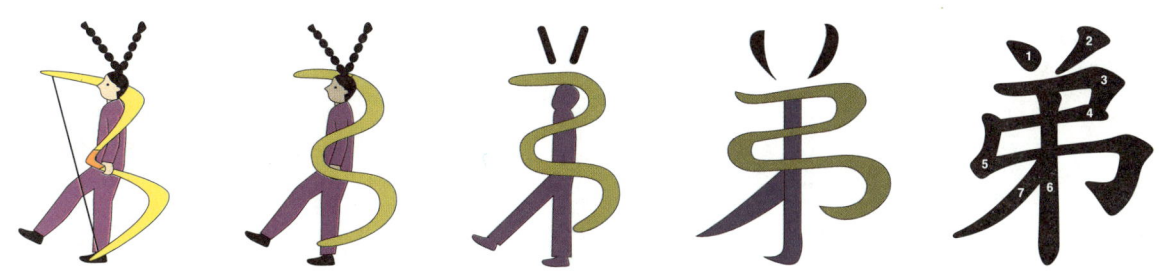

younger brother 갈라지게 머리를 땋고 활을 메고 있는 자가 아우다 (아우 제)

弟昆	제곤	아우와 형. 형제. 곤제(昆弟).	〈昆 맏 곤〉
弟嫂	제수	계수(季嫂). 아우의 아내. ㉠兄嫂	〈嫂 형수 수〉
弟子	제자	가르침을 받거나 받은 사람.	〈子 아들 자〉
弟兄	제형	아우와 형. 형제. 동기간(同氣間).	〈兄 맏 형〉

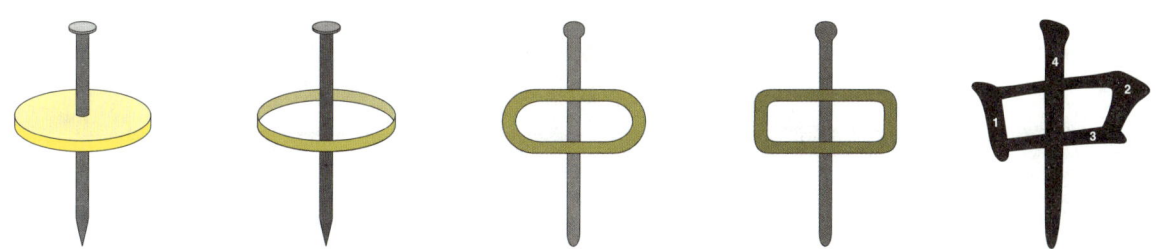

middle 가운데를 뚫고 있는 모양 (가운데 중)

中途	중도	일이 되어가는 과정이나 동안. 길 가는 동안.	〈途 길 도〉
中央	중앙	한가운데. 단체나 조직의 본부.	〈央 가운데 앙〉
中庸	중용	치우침이 없는 바른 도. 보통의 재능	〈庸 떳떳할 용〉
的中	적중	목표에 어김없이 들어 맞음.	〈的 과녁/목표 적〉

blue 화분의 화초가 푸르다 (푸를 청)

靑果	청과	신선한 과실. 채소.	〈果 과실 과〉
靑年	청년	청춘기에 있는 젊은 사람.	〈年 해 년〉
靑雲	청운	높은 벼슬을 가리키는 말.	〈雲 구름 운〉
靑春	청춘	봄. 청년 시절.	〈春 봄 춘〉

| inch | 풍선을 잡은 **손**의 모양을 본뜬 글자. **손**을 뜻함 | (손마디 **촌**) |

寸劇 촌극 　아주 짧은 연극. 　〈劇 심할 극〉
寸誠 촌성 　얼마 안 되는 성의. 예)寸衷 　〈誠 정성 성〉
寸數 촌수 　멀고 가까운 친척의 도수. 　〈數 셀 수〉
寸陰 촌음 　몹시 짧은 시각. 예)一寸光陰 　〈陰 그늘 음〉

| seven | 은하수를 가로지른 **북두칠성**의 모양. **일곱**을 뜻함 | (일곱 **칠**) |

七寶 칠보 　일곱가지 보배. 금, 은, 유리, 파리, 마노, 거거, 산호(무량수경) 　〈寶 보배 보〉
七書 칠서 　삼경(三經)과 사서(四書). 곧 주역, 서경, 시경, 논어, 맹자, 중용, 대학 　〈書 글 서〉
七情 칠정 　일곱가지 감정. 곧 희, 노, 애, 낙, 애, 오, 욕. 　〈情 뜻 정〉
七星 칠성 　북두칠성의 약어 　〈星 별 성〉

| soil | 풀이 흙 위에 돋는 모양. 즉 **흙**을 뜻함 | (흙 **토**) |

土窟 토굴 　흙을 파낸 큰 구덩이. 땅 속으로 뚫린 큰 굴. 　〈窟 굴 굴〉
土臺 토대 　흙으로 높게 쌓아올린 대. 건물의 기반. 　〈臺 대 대〉
土木 토목 　토목 공사. 꾸밈이 없음. 　〈木 나무 목〉
土豪 토호 　그 지방에서 세력이 있는 사람. 호족(豪族). 　〈豪 호걸 호〉

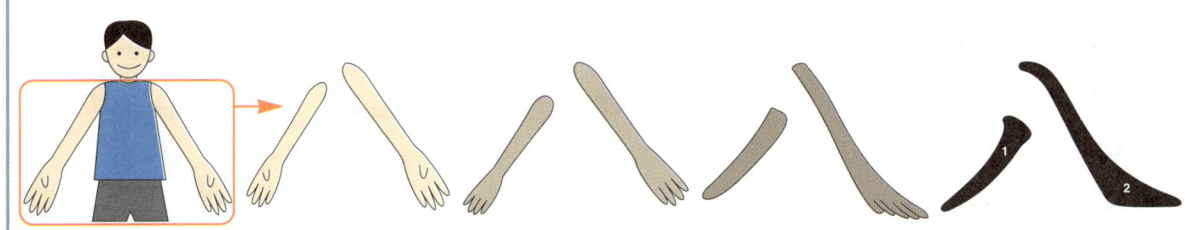

| eight | 팔을 벌리고 양 손가락으로 여덟을 나타낸 모양 | (쪼갤 여덟 **팔**) |

八景	팔경	여덟 곳의 경치.	〈景 볕 경〉
八達	팔달	길이 여러 곳으로 통하여 있음.	〈達 다다를 달〉
八道	팔도	옛날 우리 나라의 행정 구역.	〈道 길 도〉
八方	팔방	모든 방면. 다방면(多方面).	〈方 모 방〉

(덮을 멱)

(아들 자)

| learn | 손에 필기구를 들고 무식으로 뒤덮인 아들이 학문을 배우다 | (배울 **학**) |

學問	학문	배워서 익힘. 지식·예술을 닦음.	〈問 물을 문〉
學術	학술	응용 방면을 포함한 학문의 방법. 학문과 예술 또는 기술.	〈術 꾀 술〉
學習	학습	배우고 익힘.	〈習 익힐 습〉
勉學	면학	배움에 힘씀.	〈勉 힘쓸 면〉

사다리를 이용해 가죽을 말리려고 사방을 묶어 에워싼 모양   (해돋을 간) 초원에 해가 돋는 모양 (에워쌀 위) (해돋을 간) (에워쌀 위)

| korea | (동녘의) 해돋는 땅으로 삼면이 바다로 에워싸여 있는 반도가 한국이다 | (한국 **한**) |

韓國	한국	대한민국.	〈國 나라 국〉
韓方	한방	중국에서 전래되어 우리나라에서 발달한 의술.	〈方 모 방〉
韓牛	한우	한국 재래종의 소.	〈牛 소 우〉
韓紙	한지	닥나무 따위의 섬유를 원료로 하여 한국 고대의 제법으로 뜬 종이(창호지 등).	〈紙 종이 지〉

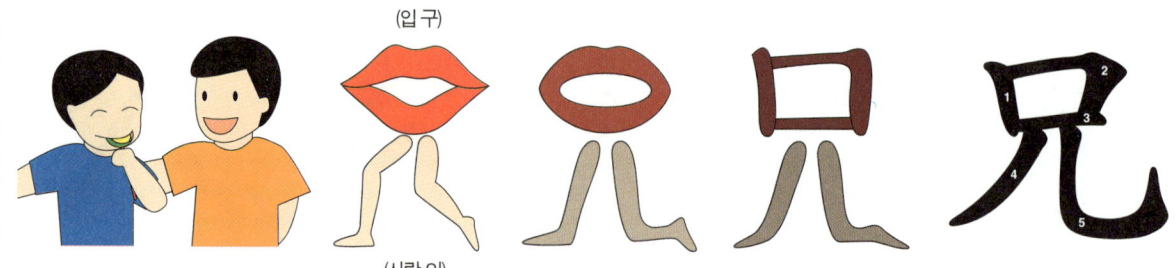

(입구) / (사람 인)

elder brother 동생에게 **입**으로 좋게 타이르는 **사람**이 형이다 (맏 **형**)

兄夫	형부	언니의 남편.	〈夫 지아비 부〉
兄嫂	형수	형의 아내. 밴弟嫂	〈嫂 형수 수〉
兄丈	형장	평교간에 상대자를 높이어 일컫는 말.	〈丈 어른 장〉
兄弟	형제	형과 아우. 예兄弟間	〈弟 아우 제〉

fire 장작에 불이 붙어 타는 모양. 불을 뜻함 (불 **화**)

火口	화구	불을 때는 아궁이의 아가리. 화산의 분화구.	〈口 입 구〉
火急	화급	매우 급함. 몹시 바쁨.	〈急 급할 급〉
火氣	화기	불기. 불의 뜨거운 기운.	〈氣 기운 기〉
火色	화색	불의 빛. 붉게 생기가 도는 얼굴.	〈色 색 색〉

한자 능력 검정 7급 배정 한자 100자
(하위 급수 포함 150자)

家 집 **가**	宀(갓머리)부 7획 ⑩	林 수풀 **림**	木(나무목)부 4획 ⑧
歌 노래 **가**	欠(하품흠)부 10획 ⑭	立 설 **립**	立(설립)부 0획 ⑤
間 사이 **간**	門(문문)부 4획 ⑫	每 매양 **매**	毋(말무)부 3획 ⑦
江 강 **강**	氵(삼수변)부 3획 ⑥	面 낯 **면**	面(낯면)부 0획 ⑨
車 수레 **거·차** / 성 **차**	車(수레거)부 0획 ⑦	名 이름 **명**	口(입구)부 3획 ⑥
工 장인 **공**	工(장인공)부 0획 ③	命 목숨 **명**	口(입구)부 5획 ⑧
空 빌 **공**	穴(구멍혈)부 3획 ⑧	問 물을 **문**	口(입구)부 8획 ⑪
口 입 **구**	口(입구)부 0획 ③	文 글월 / 성 **문**	文(글월문)부 0획 ④
旗 기 **기**	方(모방)부 10획 ⑭	物 만물 **물**	牛(소우)부 4획 ⑧
氣 기운 **기**	气(기운기엄)부 6획 ⑩	方 모 / 성 **방**	方(모방)부 0획 ④
記 기록할 **기**	言(말씀언)부 3획 ⑩	百 일백 **백**	白(흰백)부 1획 ⑥
男 사내 / 아들 **남**	田(밭전)부 2획 ⑦	夫 지아비 / 사내 **부**	大(큰대)부 1획 ④
內 안 **내**	入(들입)부 2획 ④	不 아닐 **불/부**	一(한일)부 3획 ④
農 농사 **농**	辰(별진)부 6획 ⑬	事 일 **사**	亅(갈고리궐)부 7획 ⑧
答 대답할 **답**	竹(대죽)부 6획 ⑫	算 셈할 **산**	竹(대죽)부 8획 ⑭
道 길 **도**	辶(책받침)부 9획 ⑬	上 위 **상**	一(한일)부 2획 ③
冬 겨울 **동**	冫(이수변)부 3획 ⑤	色 빛 **색**	色(빛색)부 0획 ⑥
動 움직일 **동**	力(힘력)부 9획 ⑪	夕 저녁 **석**	夕(저녁석)부 0획 ③
同 한가지 **동**	口(입구)부 3획 ⑥	姓 성 **성**	女(계집녀)부 5획 ⑧
洞 골 **동** / 꿰뚫을 **통**	氵(삼수변)부 6획 ⑨	世 인간 **세**	一(한일)부 1획 ⑤
登 오를 **등**	癶(필발머리)부 7획 ⑫	少 젊을 **소**	小(작을소)부 1획 ④
來 올 **래**	人(사람인)부 6획 ⑧	所 바 **소**	戶(지게호)부 4획 ⑧
力 힘 **력**	力(힘력)부 0획 ②	手 손 **수**	手(손수)부 0획 ④
老 늙을 **로/노**	老(耂)(늙을로엄)부 2획 ⑥	數 셀 **수** / 자주 **삭**	攵(攴)(등글월문)부 11획 ⑮
里 마을 **리**	里(마을리)부 0획 ⑦	市 저자 **시**	巾(수건건)부 2획 ⑤

時	때 시	日(날일)부 6획 ⑩
食	먹을 식 / 밥 사	食(밥식)부 0획 ⑨
植	심을 식 / 둘 치	木(나무목)부 8획 ⑫
心	마음 심	心(마음심)부 0획 ④
安	편안할 안	宀(갓머리)부 3획 ⑥
語	말씀 어	言(말씀언)부 7획 ⑭
然	그러할 연	灬(연화발)부 8획 ⑫
午	낮 오	十(열십)부 2획 ④
右	오른쪽 우	口(입구)부 2획 ⑤
有	있을 유	月(달월)부 2획 ⑥
育	기를 육	肉(月)(육달월)부 4획 ⑧
邑	고을 읍	邑(고을읍)부 0획 ⑦
入	들 입	入(들입)부 0획 ②
子	아들 자	子(아들자)부 0획 ③
字	글자 자	子(아들자)부 3획 ⑥
自	스스로 자	自(스스로자)부 0획 ⑥
場	마당 장 / 곳 량	土(흙토)부 9획 ⑫
全	온전할 / 성 전	入(들입)부 4획 ⑥
前	앞 전	刂(선칼도방)부 7획 ⑨
電	번개 / 전기 전	雨(비우)부 5획 ⑬
正	바를 정	止(그칠지)부 1획 ⑤
祖	할아비 / 조상 조	示(보일시)부 5획 ⑩
足	발 족 / 지나칠 주	足(발족)부 0획 ⑦
左	왼 / 도울 좌	工(장인공)부 2획 ⑤
主	주인 / 임금 주	丶(점주)부 4획 ⑤
住	살 / 머무를 주	亻(사람인변)부 5획 ⑦
重	무거울 / 거듭할 중	里(마을리)부 2획 ⑨
地	땅 지	土(흙토)부 3획 ⑥
紙	종이 / 편지 지	糸(실사)부 4획 ⑩
直	곧을 직 / 값 치	目(눈목)부 3획 ⑧
千	일천 / 많을 천	十(열십)부 1획 ③
天	하늘 천	大(큰대)부 1획 ④
川	내 천	巛(川)(개미허리)부 0획 ③
草	풀 초	艹(艸)(초두)부 6획 ⑩
村	마을 촌	木(나무목)부 3획 ⑦
秋	가을 추	禾(벼화)부 4획 ⑨
春	봄 춘	日(날일)부 5획 ⑨
出	날 출	凵(입벌릴감 / 위터진입구)부 3획 ⑤
便	편할 편 / 오줌 변	亻(사람인변)부 7획 ⑨
平	평평할 평	干(방패간)부 2획 ⑤
下	아래 하	一(한일)부 2획 ③
夏	여름 하	夊(천천히걸을쇠)부 7획 ⑩
漢	한나라 / 한수 한	氵(삼수변)부 11획 ⑭
海	바다 해	氵(삼수변)부 7획 ⑩
花	꽃 화	艹(艸)(초두)부 4획 ⑧
話	말할 화	言(말씀언)부 6획 ⑬
活	살 활 / 물소리 괄	氵(삼수변)부 6획 ⑨
孝	효도 효	子(아들자)부 4획 ⑦
後	뒤 후	彳(두인변)부 6획 ⑨
休	쉴 휴	亻(사람인변)부 4획 ⑥

(움집 면)
(돼지 시)

house (옛날에는 돼지를 한 지붕 아래서 기르며 생활하였음)
지붕을 덮고 **돼지**를 기르던 곳이 **집**이다 (집 가)

家計	가계	집안의 살림살이. 예)家計簿	〈計 계산계〉
家事	가사	집안 일. 예)家事科 반)政事	〈事 일 사〉
家屋	가옥	집. 사람이 사는 집. 예)家屋稅	〈屋 집 옥〉
家訓	가훈	가정의 교훈. 비)校訓 / 社訓	〈訓 가르칠 훈〉

몸을 굽혀 입으로 '옳습니다' 하다   (옳을 가) (입 크게 벌릴 흠)

song 옳다! 옳다! 좋고 좋다 하며 **입**을 크게 벌리고 **노래**하다 (노래 가)

歌客	가객	노래를 잘 하는 사람. 가인(歌人).	〈客 손/나그네 객〉
歌曲	가곡	노래. 우리 나라 재래 음악의 하나. 노래와 곡조.	〈曲 굽을 곡〉
歌舞	가무	노래와 춤. 노래하고 춤춤.	〈舞 춤출 무〉
歌謠	가요	운문 형식인 문학의 총칭. 민요·동요·유행가 등의 속칭.	〈謠 노래 요〉

(문 문)
(해/날 일)

gap 문 틈으로 **햇빛**이 스며 **사이**로 들어오다 (사이 간)

間食	간식	끼니 외에 먹는 음식. 예)間食品	〈食 밥 식〉
間人	간인	간첩.	〈人 사람 인〉
間接	간접	사이에 다른 것을 두는 관계. 예)間接侵略	〈接 이을 접〉
間或	간혹	이따금. 어쩌다가.	〈或 혹 혹〉

7급 27

river
물이 흘러 **만들어진** 것이 **강**이다 (강 **강**)

江湖	강호	강과 호수. 세상. 예)江湖諸賢
江南	강남	남쪽에 있는 땅이나 지방.
江村	강촌	강가에 있는 마을. 강변 마을.
渡江	도강	강물을 건넘. 예)渡江作戰

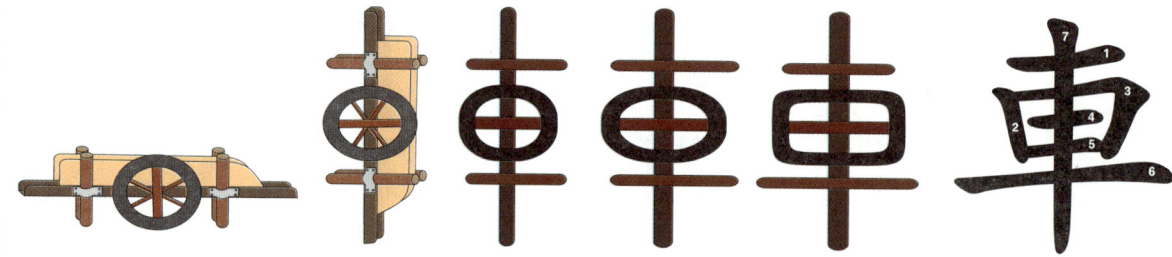

car
수레를 세워 놓은 모양 (수레 **거** / 차 **차**)

車馬	거마	수레와 말. 예)車馬費	〈馬 말 마〉
車庫	차고	차를 넣어 두는 곳.	〈庫 창고 고〉
車道	차도	차가 다니는 길.	〈道 길 도〉
車輛	차량	수레의 총칭. 연결된 기차의 한 칸.	〈輛 수레 량〉

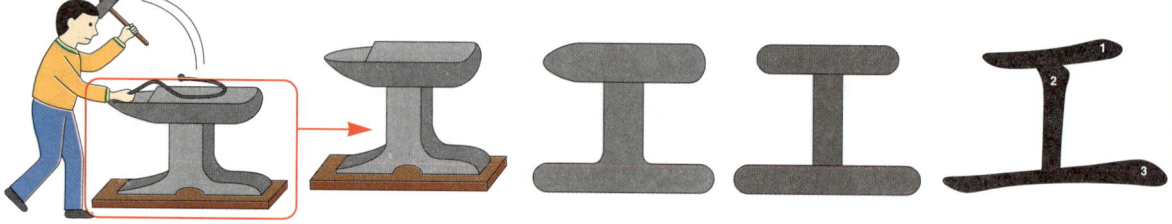

artisan
모루의 모양을 본뜬 자. 모루 위에 놓고 **장인**이 물건을 **만든다**는 뜻 (장인/만들 **공**)

工藝	공예	물건을 만드는 재주와 기술.	〈藝 재주 예〉
工人	공인	물건을 만드는 사람. 장인(匠人).	〈人 사람 인〉
工程	공정	작업의 과정(過程). 공률(工率).	〈程 길 정〉
工拙	공졸	능숙함과 서투름. 잘함과 못함.	〈拙 졸할 졸〉

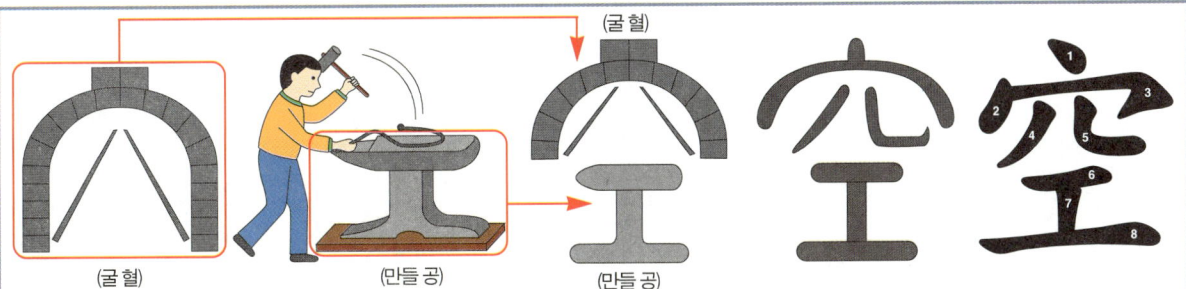

| empty | 굴을 만드니(뚫으니) 속이 비다 | (빌 공) |

空欄	공란	지면(紙面)의 빈 난.	〈欄 난간 란〉
空白	공백	지면(紙面) 따위의 아무것도 안 쓴 자리.	〈白 흰 백〉
空想	공상	이루어질 수 없는 헛된 생각.	〈想 생각할 상〉
空席	공석	비어 있는 자리. 빈 자리.	〈席 자리 석〉

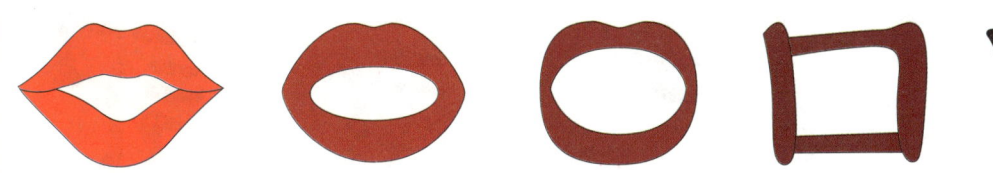

| mouth | 입의 모양을 본뜬 글자 | (입 구) |

口腔	구강	입 안의 빈 곳.	〈腔 빌 강〉
口頭禪	구두선	실행이 없는 헛된 말.	〈頭 머리 두 / 禪 사양할 선〉
口味	구미	입맛.	〈味 맛 미〉
口舌	구설	시비하는 말. 비방하는 말.	〈舌 혀 설〉

| flag | 쟁기에 꽂혀 있는 깃발, 그것이 기다 | (기 기) |

旗手	기수	군기(軍旗)를 드는 사람. 군기를 받드는 사람.	〈手 손 수〉
旗幟	기치	군기의 표지. 어떤 목적을 위하여 표명하는 태도나 주장.	〈幟 기 치〉
旗幅	기폭	깃발. 깃발의 나비.	〈幅 폭 폭〉
國旗	국기	국가(나라)를 상징하는 기.	〈國 나라 국〉

air 수증기로 쌀을 찌니 훈훈한 **기운**이 돌다 (기운 **기**)

氣球	기구	가벼운 기체를 넣어 공중에 띄우는 큰 주머니. 풍선.	〈球 공구〉
氣象	기상	대기 속에서 일어나는 날씨의 상태 및 물리적인 현상.	〈象 코끼리 상〉
氣運	기운	어떤 방향으로 되어가는 경향이나 형편.	〈運 운전할 운〉
氣體	기체	기력과 체후.	〈體 몸 체〉

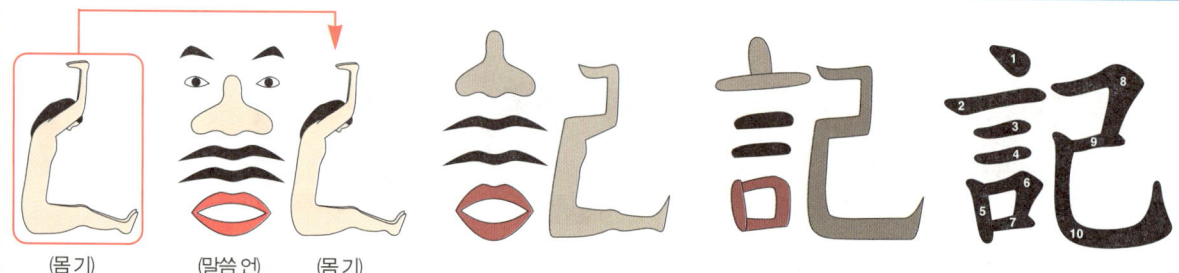

record 말의 **몸**(내용)을 **기록**하다 (기록할 **기**)

記錄	기록	남길 필요가 있는 사항을 적는 일.	〈錄 기록 록〉
記憶	기억	지난 일을 잊지 아니함.	〈憶 생각 억〉
記者	기자	신문·잡지 등의 기사를 쓰거나 편집하는 사람.	〈者 놈 자〉
記章	기장	기념 장.	〈章 글 장〉

man / male 밭에서 **힘**써 일하는 자가 **사내**다 (사내 **남**)

長男	장남	맏아들.	〈長 긴 장〉
快男	쾌남	시원하고 쾌활한 사내.	〈快 쾌할 쾌〉
男根	남근	남자의 생식기.	〈根 뿌리 근〉
男性	남성	남자.	〈性 성품 성〉

 內 內 內

inside
건물 **안**에 사람이 있는 모양   (안 **내**)

內亂	내란	나라 안에서 일어난 난리.	〈亂 어지러울 란〉
內容	내용	사물의 속내.	〈容 얼굴 용〉
內助	내조	① 내부에서의 원조. ② 아내의 도움.	〈助 도울 조〉
內包	내포	어떠한 뜻을 그 속에 포함함.	〈包 쌀 포〉

 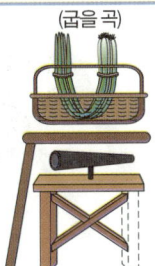 農 農 農

farming
농작물이 **굽게** 자라도록 **별자리**를 살펴 **농사**를 짓다   (농사 **농**)

農耕	농경	농사를 지음. 예)農耕地	〈耕 밭갈 경〉
農繁	농번	농사일이 바쁨. 예)農繁期	〈繁 번성할 번〉
農園	농원	원예 작물을 심는 농장.	〈園 동산 원〉
農地	농지	농사 짓는 땅. 예)農地改革	〈地 땅 지〉

뚜껑을 그릇에 덮어 합하다

answer
(종이가 없던 옛날에는 대나무 조각을 엮어서 거기다 글을 썼음)
대나무를 **합한** 조각에 글을 써서 **대답하다**   (대답할 **답**)

答書	답서	회답 편지. ㈂答狀
答辯	답변	물음에 대하여 대답함.
答謝	답사	축사에 대하여 대답으로 하는 말.
報答	보답	입은 은혜를 갚음. 예)師恩報答

	road	머리를 써서 달려가기 좋게 만들어 놓은 것이 길이다	(길 **도**)
道路	도로	사람과 차가 다닐 수 있는 길.	〈路 길 로〉
道理	도리	사람이 지켜야 할 바른 길.	〈理 이치 리〉
道程	도정	길의 이수. 노정(路程).	〈程 길 정〉
道通	도통	사물의 도리를 깨달아 앎.	〈通 통할 통〉

	winter	천천히 가는 발 밑에 얼음(고드름)이 어는 계절이 겨울이다	(겨울 **동**)
冬期	동기	겨울철. ⓔ夏期 ⓔ冬期休暇.	〈期 기간 기〉
冬眠	동면	동물이 수면상태로 겨울을 나는 일.	〈眠 잠잘 면〉
冬榮	동영	겨울에 꽃이 핌.	〈榮 영화 영〉
冬至	동지	12월 22일 경. 낮이 가장 짧고 밤이 가장 김.	〈至 이를 지〉

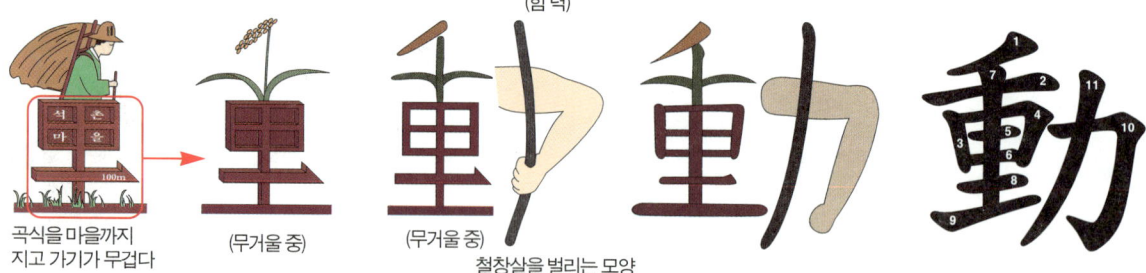

	move	무거운 것을 힘써 움직이다	(움직일 **동**)
動機	동기	어떤 사태나 행동을 일으키게 하는 계기.	〈機 기계 기〉
動搖	동요	흔들리고 움직거림.	〈搖 흔들 요〉
動態	동태	동향(動向)의 상태(狀態).	〈態 태도 태〉
動向	동향	마음·행동 등이 움직이는 경향.	〈向 향할 향〉

alike / same   성문의 모양. 성문으로 **같이** 다닌다는 뜻   (한가지
같이 **동**)

同居	동거	한 집안에서 같이 삶. 예)同居人	〈居 살 거〉
同苦	동고	같이 고생함. 예)同苦同樂	〈苦 쓸 고〉
同盟	동맹	단체나 나라 사이에서 맺는 약속.	〈盟 맹세 맹〉
同志	동지	뜻이 서로 같음.	〈志 뜻 지〉

성문으로 같이 다닌다는 뜻   (물 수)   (같이 동)

cave   물이 있는 골짜기에 **같이** 모여 사는 곳이 골이다   (골
통할 **동**)

洞窟	동굴	깊고 넓은 굴.	〈窟 굴 굴〉
洞里	동리	마을. 동(洞)과 리(里).	〈里 마을 리〉
洞察	통찰	온통 밝혀서 살핌. 전체를 환하게 내다 봄.	〈察 살필 찰〉
洞燭	통촉	생각하며 미루어 살핌. 남의 사정을 잘 살펴 줌.	〈燭 촛불/밝을 촉〉

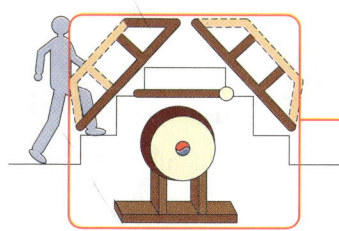   

climb   계단 위를 북소리에 맞추어 **오르다**   (오를 **등**)

登科	등과	과거에 급제함. 예)登科記	〈科 과목 과〉
登錄	등록	문책에 적어 올림. 예)登錄商標	〈錄 기록 록〉
登用	등용	인재를 골라 뽑아 씀.	〈用 쓸 용〉
登場	등장	무대 같은 데에 나옴. 예)登場人物	〈場 마당 장〉

come (옛날에 사람이 굶어죽게 되었을 때 신선이 보리를 가지고 **와서** 인간을 구해 주었다는 고사에서 유래 됨) 보리의 모양을 본뜬 자. 보리는 하늘에서 신선이 가지고 **온** 곡식이라는 뜻　**(올 래)**

來客	내객	찾아온 손님. ㉠來客歡迎	〈客 손객〉
來訪	내방	찾아와서 봄. ㉠去來處來訪	〈訪 찾을방〉
來賓	내빈	청함을 받고 찾아온 손님.	〈賓 손빈〉
來往	내왕	오고 가고 함. ㉠來往距離	〈往 갈 왕〉

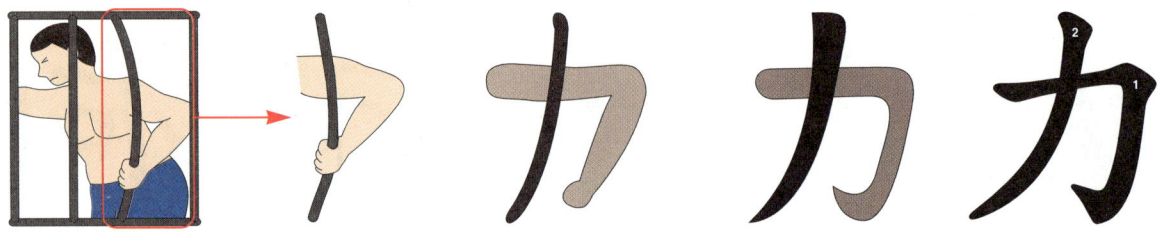

strength　팔로 철창살을 **힘**을 써 벌리는 모양을 본뜬 글자　**(힘 력)**

力强	역강	힘이 강함. 기력이 왕성함.	〈强 강할 강〉
力量	역량	일을 할 수 있는 능력의 정도.	〈量 헤아릴 량〉
力士	역사	뛰어나게 힘이 센 사람.	〈士 선비 사〉
力作	역작	애써서 지음. 훌륭한 작품.	〈作 지을 작〉

old　(땅에 지팡이를 짚고 앉은) **늙은이**의 모양　**(늙을 로)**

老娘	노낭	① 부인. ② 산파.	〈娘 각시낭〉
老鍊	노련	익숙하고 능란함. ㉤老熟	〈鍊 단련 련〉
老妄	노망	늙어서 부리는 망령.	〈妄 망령될 망〉
老母	노모	늙은 어머니. ㉠老母奉養	〈母 어미 모〉

 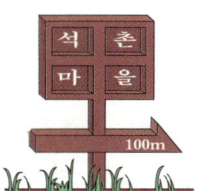 里 里 里 里

village
마을의 이정표를 본뜬 글자   (마을 **리**)

里落	이락	마을. 촌락.	〈落 떨어질 락〉
里程	이정	길의 이수. ㉑里程表	〈程 길 정〉
洞里	동리	마을. 동네.	〈洞 굴 동〉
鄕里	향리	나서 성장한 고향의 마을.	〈鄕 시골 향〉

 林 林 林
(나무 목) (나무 목)

forest
나무와 **나무**가 모여서 이루어진 것이 **수풀**이다   (수풀 **림**)

林産	임산	산림에서 나는 온갖 물건.	〈産 낳을 산〉
林野	임야	나무가 무성한 들.	〈野 들 야〉
林業	임업	산림을 경영하는 사업.	〈業 업 업〉
密林	밀림	빽빽하게 들어선 수풀.	〈密 빽빽할 림〉

    立

stand
사람이 **서 있는** 모양을 본뜬 글자   (설 **립**)

立件	입건	피의자의 혐의 사실을 인정하여 사건(事件)을 성립시킴.	〈件 사건 건〉
立法	입법	법률을 제정함. 삼권(행정·사법·입법) 가운데 하나.	〈法 법 법〉
立案	입안	안(案)을 세움. 문안을 작성함.	〈案 책상 안〉
立志	입지	뜻을 세움. 마음을 바로잡음.	〈志 뜻 지〉

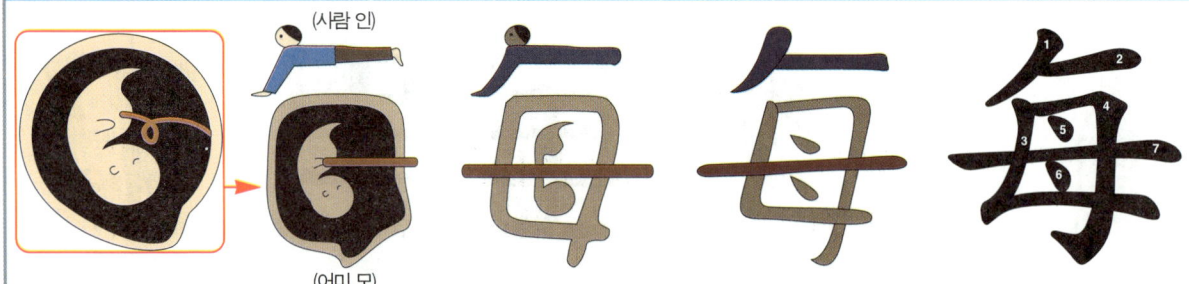

| every | 사람은 어머니를 매양(늘) 그리워한다 | (매양 매) |

每回	매회	모든 회(回)마다. 번번이.	〈回 돌 회〉
每事	매사	모든 일. 사건이 발생할 때마다.	〈事 일 사〉
每朔	매삭	다달이. 매월(每月). 달마다.	〈朔 초하루 삭〉
每樣	매양	항상 그 모양으로. 늘 같은 모양으로.	〈樣 모양 양〉

| face | 마스크를 한 낯의 모양 | (낯 면) |

面談	면담	서로 만나서 이야기 함.	〈談 말씀 담〉
面積	면적	일정한 평면이나 구면 등의 넓이.	〈積 쌓을 적〉
面接	면접	직접 대함. 예)面接試驗	〈接 이을 접〉
面會	면회	대면하여 만나 봄.	〈會 모을 회〉

| name | (캄캄한) 저녁에 입으로 부르려고 지은 것이 이름이다 | (이름 명) |

名曲	명곡	유명한 악곡. 예)世界名曲	〈曲 굽을 곡〉
名聲	명성	세상에 떨친 이름.	〈聲 소리 성〉
名案	명안	좋은 안. 뛰어난 생각.	〈案 책상 안〉
名作	명작	뛰어난 작품. 예)名作解說	〈作 지을 작〉

life / fate
(하나님이) **입**으로 내린 **명령**에 좌우되는 것이 **목숨**이다 (목숨 **명**)

命令	명령	무엇을 하도록 시킴. 예)至上命令	〈令 명령할 령〉
命脈	명맥	목숨과 혈맥. 예)命脈維持	〈脈 줄기 맥〉
使命	사명	주어진 임무. 예)使命感	〈使 하여금 사〉
宿命	숙명	날 때부터 타고난 운명.	〈宿 잘 숙〉

ask
문 있는 쪽을 향하여 **입**으로 묻다 (물을 **문**)

問病	문병	앓는 사람을 찾아보고 위로함.	
問安	문안	웃어른의 안부(安否)를 물음.	
問罪	문죄	죄를 캐내어 물음.	
問責	문책	일의 잘못을 물어 책망함.	

letter
책을 **책상**에 놓고 **글월**을 읽다 (글월 **문**)

文集	문집	한 사람의 글을 모아 만든 책.	〈集 모을 집〉
文筆	문필	글을 짓거나 글씨 쓰는 일.	〈筆 붓 필〉
文學	문학	언어·문자에 의해 창작한 예술.	〈學 배울 학〉
文豪	문호	문학이나 문장에 뛰어난 사람.	〈豪 호걸 호〉

(없앨 물) (소 우) 닭을 목졸라 죽이다 (소 우) (없앨 물)

all thing   소와 닭을 죽여(팔아) **없애고** 대신 **물건**을 사다   (만물/물건 **물**)

物望	물망	사람들이 우러러 보는 명망.	〈望 바랄 망〉
物色	물색	사람이나 물건을 찾아 고름.	〈色 빛 색〉
物慾	물욕	물질에 대한 욕심.	〈慾 욕심 욕〉
物質	물질	물체를 구성하는 물질.	〈質 바탕 질〉

square   쟁기로 **사방** 밭을 갈다   (모/사방 **방**)

方法	방법	일을 치러 내는 솜씨와 법식.	〈法 법 법〉
方席	방석	깔고 앉는 네모난 작은 자리.	〈席 자리 석〉
方位	방위	어떠한 쪽의 위치.	〈位 자리 위〉
後方	후방	중심으로부터의 뒷쪽. 반前方	〈後 뒤 후〉

hundred   나뭇가지에 달려 있는 도토리가 수**백** 개 이다   (일백 **백**)

百科	백과	모든 과학. 예百科全書	〈科 과목 과〉
百難	백난	온갖 곤란.	〈難 어려울 난〉
百代	백대	멀고 오랜 세대.	〈代 대신할 대〉
百方	백방	① 온갖 방법. ② 여러 방면.	〈方 모 방〉

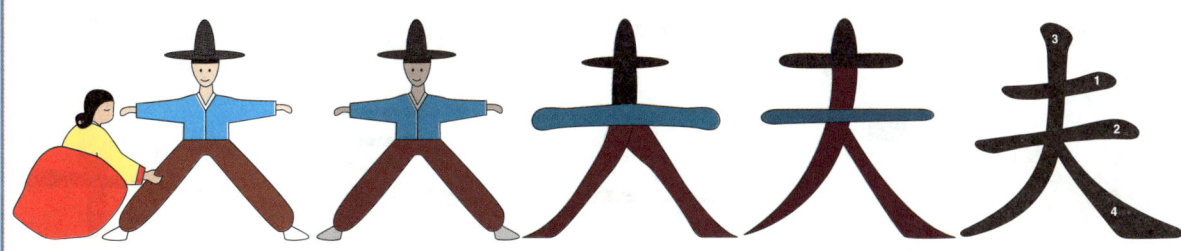

husband	지아비의 모양을 본뜬 글자	(지아비 부)

夫黨	부당	남편과 동성 동본인 겨레붙이.	〈黨 무리 당〉
夫婦	부부	남편과 아내. 부처(夫妻).	〈婦 아내 부〉
夫役	부역	국민에게 의무적으로 책임지우는 노역.	〈役 부릴 역〉
夫子	부자	스승·남편 등을 존경하여 이르는 말.	〈子 아들 자〉

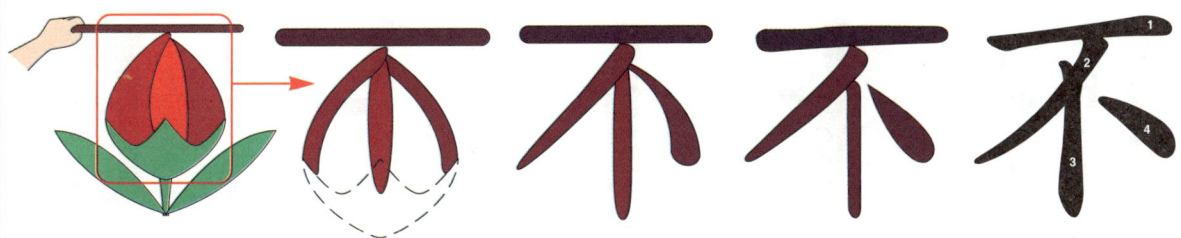

no / not	아니 핀 꽃봉오리를 짚어 보이는 모양	(아닐 부 / 불 아니 핀 꽃봉오리 부)

不可	불가	가하지 아니함. 옳지 아니함.	〈可 옳을 가〉
不當	부당	사리(事理)에 맞지 아니함.	〈當 마땅할 당〉
不良	불량	좋지 못함. 나쁨. 예)不良少年	〈良 어질 량〉
不和	불화	서로 화합하지 못함. 예)家庭不和	〈和 화할 화〉

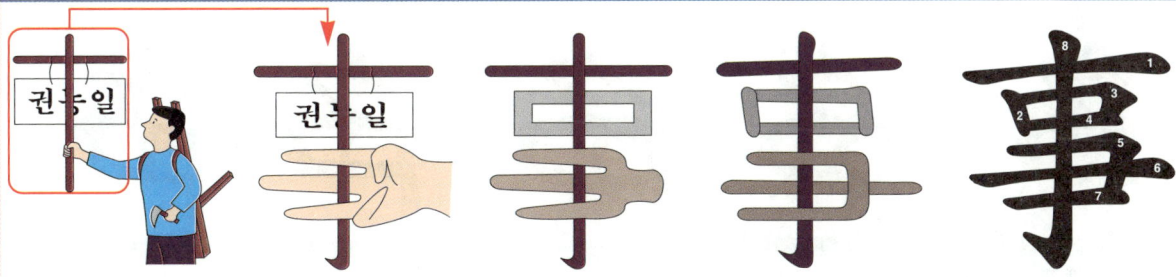

business	깃발을 손에 들고 일하러 가다	(일 사)

事故	사고	뜻밖에 일어난 탈. 고장(故障).	〈故 연고 고〉
事端	사단	사건의 단서. 분쟁의 실마리.	〈端 끝 단〉
事績	사적	어떤 사람의 성취한 업적(業績).	〈績 공적 적〉
事親	사친	어버이를 섬김. 부모를 받듦.	〈親 친할 친〉

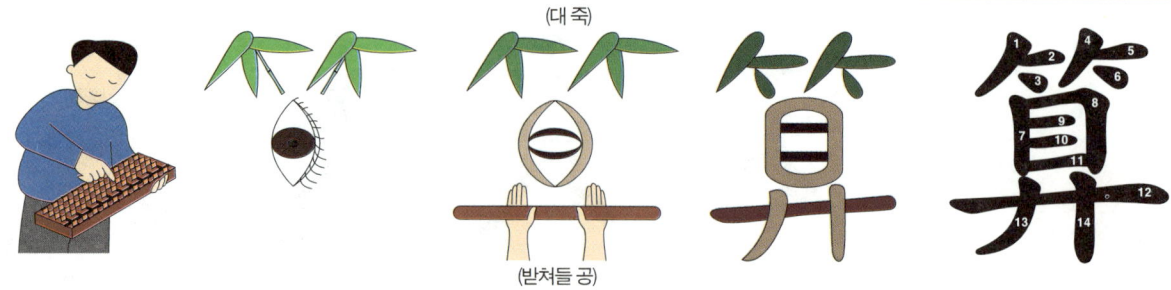

count 대나무로 만든 수판을 **눈** 밑에 **받쳐들고 셈하다**　　　　(셈할 산)

算出	산출	셈하여 냄. ㉠算出根據	〈出 날출〉
計算	계산	수량을 헤아림. ㉠計算書	〈計 셈할 계〉
打算	타산	이해 관계를 셈쳐 봄.	〈打 칠 타〉
換算	환산	단위가 다른 수량으로 고치어 셈함.	〈換 바꿀 환〉

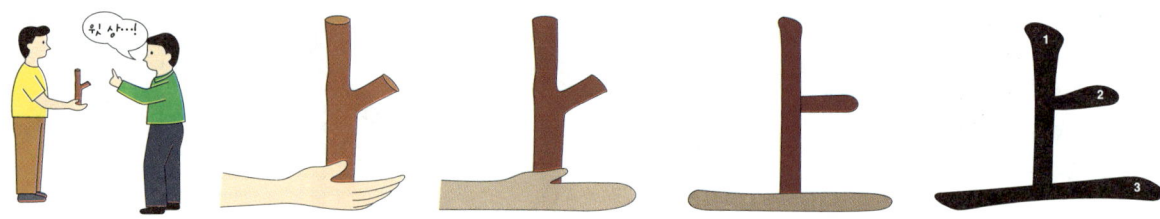

upper **나뭇가지**를 **손** 위에 들고 있으니 **윗 상**이다　　　　(위 상)

上京	상경	시골서 서울로 올라감.	〈京 서울 경〉
上告	상고	웃사람에게 고함. ㉠上告法	〈告 알릴 고〉
上納	상납	정부에 조세를 바침.	〈納 들일 납〉
上書	상서	웃어른에게 올리는 편지. ㊁下書	〈書 글 서〉

color **사람**이 **큰 뱀**을 밟고 낯 **빛**이 변하다　　　　(빛 색)

色盲	색맹	빛깔을 구별 못하는 시각.	〈盲 소경 맹〉
色彩	색채	빛깔과 문체. ㉠色彩學	〈彩 채색 채〉
染色	염색	물을 들임. ㉠染色工場	〈染 물들일 염〉
特色	특색	보통의 것과 다른 점. ㊋特徵	〈特 특별할 특〉

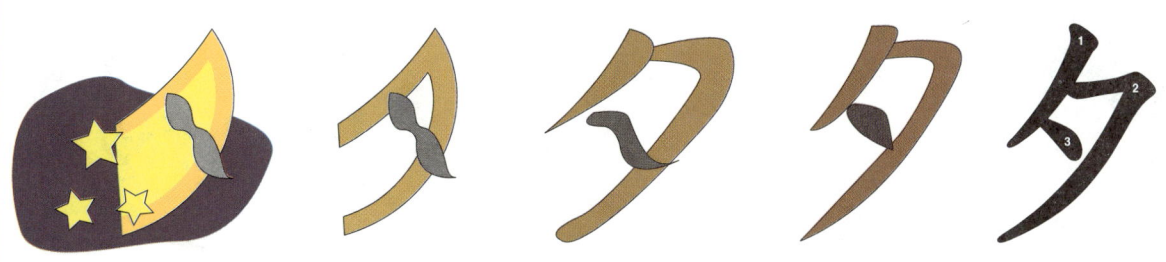

evening

구름에 가려진 반달의 모양. **저녁**을 뜻함 **(저녁 석)**

夕刊	석간	석간 신문. 석간지(夕刊紙). 凡朝刊(조간).	〈刊 책 펴낼 간〉
夕陽	석양	저녁 해. 저녁나절 산의 서쪽. 황혼.	〈陽 볕 양〉
夕烟	석연	저녁밥을 짓는 연기.	〈烟 연기 연〉
夕照	석조	해질 무렵에 비치는 햇빛.	〈照 비출 조〉

(날 생)
식물에서 열매가 생겨 나다 (계집 녀) (날 생)

family name

여자 몸에서 **생겨나온** 아이에게 성을 붙이다 **(성 성)**

姓名	성명	성과 이름.	〈名 이름 명〉
同姓	동성	같은 성. 성씨가 같음.	〈同 같을 동〉
百姓	백성	국민.	〈百 일백 백〉
姓氏	성씨	성의 높임말.	〈氏 성씨〉

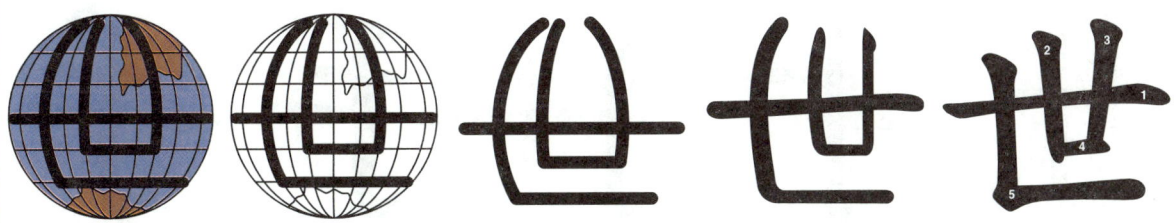

world

지구의 씨줄과 날줄을 그린 것. **인간 세상**을 뜻함 **(세상/인간 세)**

世上	세상	모든 사람이 살고 있는 사회의 총칭.	〈上 윗 상〉
世孫	세손	숫자 밑에 붙어 시조로부터 쳐서 몇 대째의 자손임을 나타내는 말.	〈孫 손자 손〉
世情	세정	세태와 인정.	〈情 뜻 정〉
世態	세태	세상의 형편.	〈態 태도 태〉

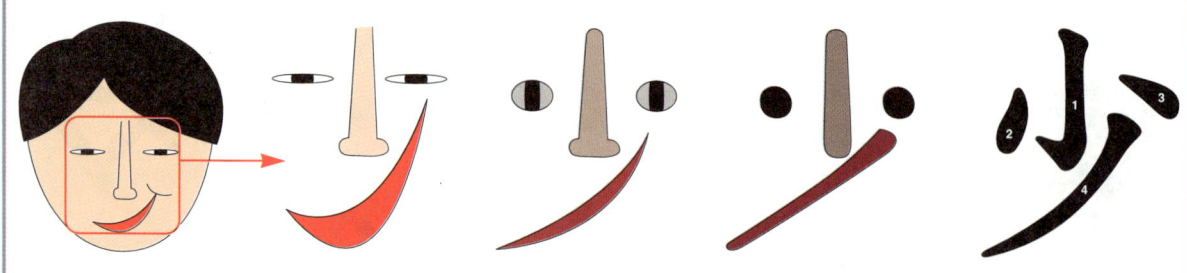

few / young 눈, 코 밑에 입이 비뚤어진 자는 그 수가 적다 (적을 소)

少女	소녀	어린 계집 아이. ㉠少年	〈女 계집녀〉
少量	소량	적은 분량. ㉠大量	〈量 헤아릴 량〉
少數	소수	적은 수효. ㉠多數 ㉑無限少數	〈數 셀 수〉
少時	소시	젊을 때. ㉑少時적	〈時 때 시〉

(지게문/집 호) (도끼 근)

place 집의 문 옆이 도끼를 두던 곳이다 (바 / 곳 소)

所感	소감	마음에 느낀 바. ㉑歸國所感	〈感 느낄 감〉
所見	소견	사물을 보고 헤아리는 생각.	〈見 볼 견〉
所得	소득	자기 소유가 됨. ㉑所得稅	〈得 얻을 득〉
所有	소유	가진 물건 또는 가짐.	〈有 있을 유〉

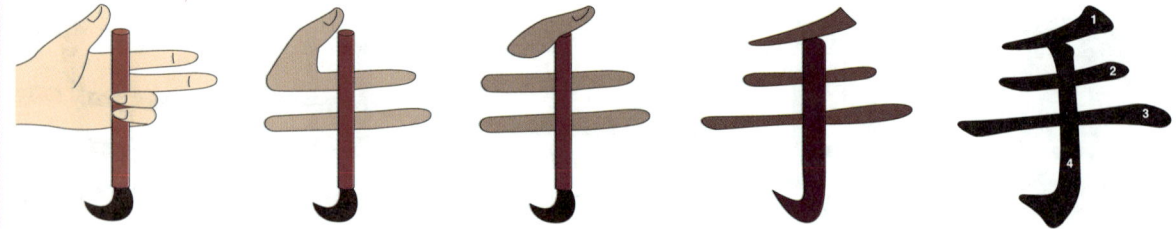

hand 손에 붓을 들고 있는 모양을 본뜬 글자. 손을 뜻함. (손 수)

手工	수공	손으로 하는 공예(工藝 : 공작에 관한 예술).	〈工 장인 공〉
手記	수기	체험을 손수 적음. 또 그 기록.	〈記 기록할 기〉
手藝	수예	손으로 하는 기예. 뜨개질이나 자수 따위.	〈藝 재주 예〉
手足	수족	손과 발. 또 손과 발처럼 마음대로 부림.	〈足 발 족〉

(여러 개 포갤 루) (두들길 복)

count   여러 개 포개어 인 물건을 두들기듯 짚어가며 수량을 세다   (셀 수 / 자주 삭)

數理	수리	수학의 이론이나 이치. 예)數理學
數次	수차	두서너 차례.
數值	수치	계산하여 얻은 수의 값. 예)數值豫報
數數	삭삭	자주. 여러 번.

  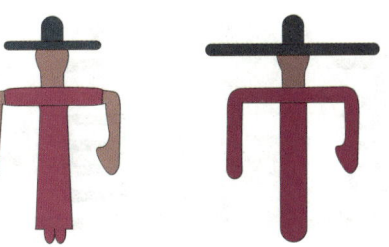 

market   장보러 시장에 가는 모양   (시장 / 저자 시)

市街	시가	도시의 큰 길. 예)市街行進	〈街 거리 가〉
市價	시가	시장의 시세. 예)市價調整	〈價 값 가〉
市立	시립	시에서 설립하여 유지함.	〈立 설립〉
市場	시장	상인들이 모여 상품 매매를 하는 장소.	〈場 마당 장〉

연꽃과 여의주를 든 부처를 모신 절을 뜻함

(절 사) (날 일) (절 사)

time   (종을 쳐) 날마다 절에서 때를 알리다   (때 시)

時間	시간	시각. 과거·현재·미래의 무한한 영속.	〈間 사이 간〉
時期	시기	정해진 때. 바라고 기다리던 때.	〈期 기약할 기〉
時流	시류	그 시대의 풍조(風潮)와 유행(流行).	〈流 흐를 류〉
時節	시절	철. 계절. 한 사람의 일생을 구분한 한동안.	〈節 마디 절〉

eat / meal
집에서 **정미기**에 찧은 곡식으로 **밥**을 짓는다는 뜻 (밥 식)

食堂	식당	음식을 먹도록 설비된 방.	〈堂 집당〉
食費	식비	식사의 비용.	〈費 소비할비〉
食言	식언	언약한 말대로 시행하지 아니함.	〈言 말씀언〉
飮食	음식	먹고 마시는 물건. 예)飮食物	〈食 밥식〉

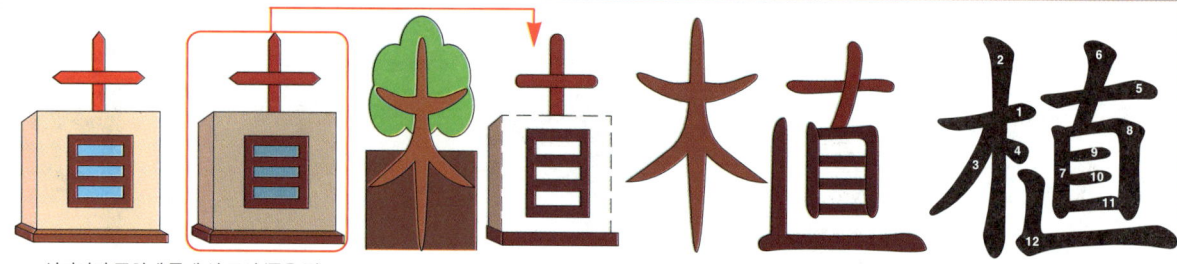

십자가가 교회에 곧게 선 모양(곧을직)　(나무 목)　(곧을 직)

plant
나무를 **곧게** 세워 **심다** (심을 식)

植林	식림	나무를 심어 숲을 만듦.
植民	식민	약소 국가가 예속된 나라에 본국 사람들을 이주시킴.
移植	이식	옮겨 심음. 예)花草移植
植字	식자	활자를 원고대로 짜는 일. 組版

heart
가슴을 본뜬 글자. **마음**을 뜻함 (마음 심)

心境	심경	마음의 상태. 예)心境變化	〈境 지경 경〉
心德	심덕	마음의 덕.	〈德 큰덕〉
心情	심정	마음의 정황. 예)心情錯雜	〈情 뜻정〉
都心	도심	도시의 중심부. 예)都心地	〈都 도읍도〉

peaceful 집에 **여자**가 있으면서 일을 돌보니 (집안이) **편안하다** **(편안할 안)**

安康	안강	편안하고 건강함.	〈康 편안할 강〉
安樂	안락	마음과 기운이 편안하고 즐거움.	〈樂 즐길 락〉
安易	안이	쉬움.	〈易 쉬울 이〉
安存	안존	사람됨이 얌전하고 조용함.	〈存 있을 존〉

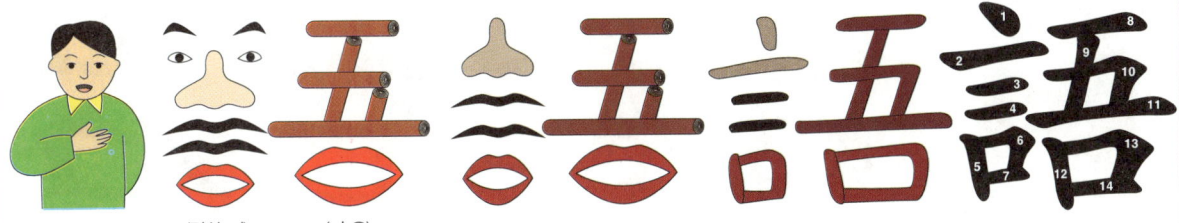

words 아뢸 **말**을 **다섯** 손가락으로 자기를 지적하며 **입으로** 나의 뜻을 **말씀**드리다 **(말씀 어)**

語感	어감	말이 주는 느낌.	〈感 느낄 감〉
語尾	어미	어간에 붙어 그 쓰임에 따라 바뀌는 말의 끝.	〈尾 꼬리 미〉
語法	어법	말의 조직에 관한 법칙.	〈法 법 법〉
語源	어원	단어가 성립된 근원.	〈源 근원 원〉

so / but 고기로 개를 잡아 먹을 때는 숯불에 **그러하게** 그을러야 한다 **(그러할 연)**

然故	연고	그런 까닭.	〈故 연고 고〉
本然	본연	본디 그대로의 자연. ⑩人間本然	〈本 근본 본〉
必然	필연	반드시 그렇다고 정하여진 것.	〈必 반드시 필〉
浩然	호연	크고 왕성한 모양. ⑩浩然之氣	〈浩 넓을 호〉

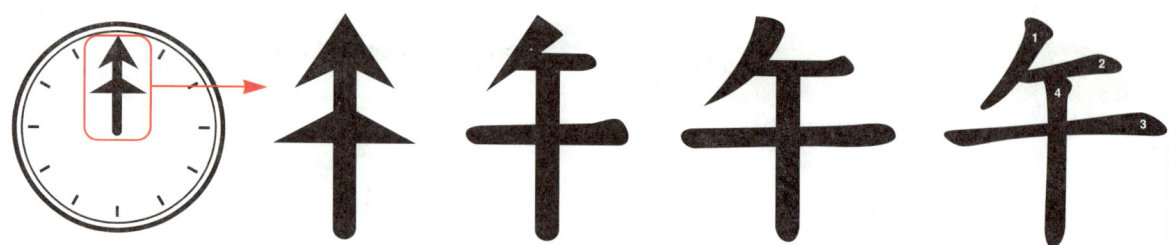

noon / day　시침과 분침이 합쳐진 때가 곧 정오 **낮**이다　　(낮 **오**)

午睡	오수	낮잠. 오침(午寢).	〈睡 졸 수〉
午時	오시	오전 11시부터 오후 1시까지의 시간. 낮.	〈時 때 시〉
午前	오전	정오(正午) 이전. 밤 12시부터 낮 12시까지의 사이.	〈前 앞 전〉
午餐	오찬	보통보다 잘 차리어 손을 대접하는 점심 식사.	〈餐 먹을 찬〉

right　양손 중에 입에 수저질 하는 손이 **오른쪽** 손이다　　(오른쪽 **우**)

右文	우문	학문을 숭상함. 예)右文左武	〈文 글월 문〉
右姓	우성	세력 있고 훌륭한 성씨.	〈姓 성 성〉
右往左往	우왕좌왕	왔다갔다 함.	〈左 왼쪽 좌/往 갈 왕〉
右翼	우익	① 오른편 날개. ② 보수적 사상 경향.	〈翼 날개 익〉

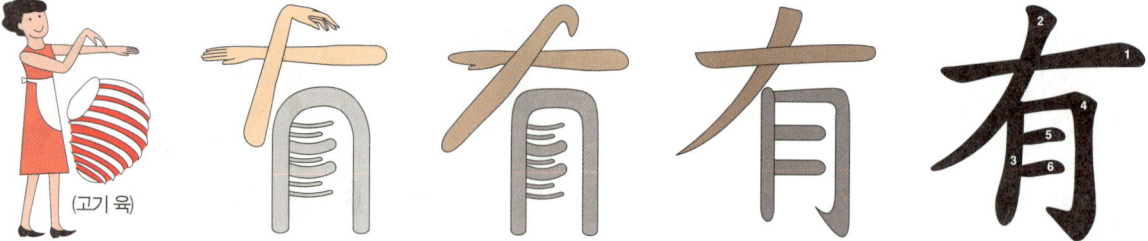

be / exist　양 손에 **고기(갈비)**를 가지고 **있다**　　(있을 **유**)

有名	유명	이름이 널리 알려져 있음.	〈名 이름 명〉
有益	유익	이익이 있음. 예)國家有益	〈益 더할 익〉
有限	유한	일정한 한도가 있음. 반)無限	〈限 한정 한〉
有效	유효	효력이 있음. 예)有效期間	〈效 효험 효〉

(몸/고기 육)

bring up 아이가 성인이 되어 **갓**을 쓸 정도로 **몸**을 **기르다** (기를 **육**)

育成	육성	길러서 키움. 이루어지도록 도움.	〈成 이룰 성〉
育兒	육아	어린애를 기름. 어린이를 키움.	〈兒 아이 아〉
育英	육영	영재를 교육함. 고육. ⑩育英事業	〈英 꽃부리 영〉
訓育	훈육	가르쳐 기름. 정신적 습관을 기름.	〈訓 가르칠 훈〉

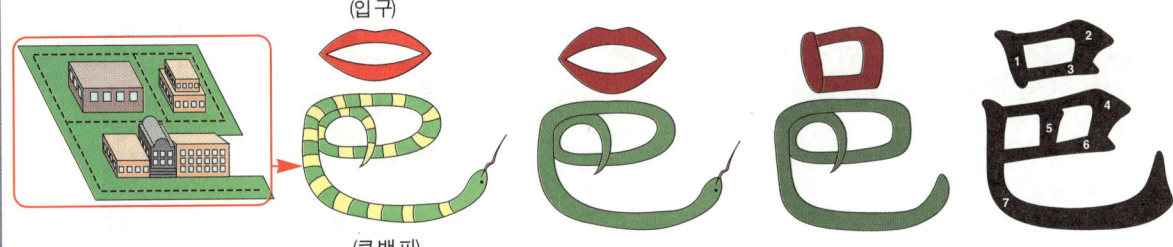

(입 구)

(큰 뱀 파)

town 많은 **입**(사람)이 **큰 뱀** 같이 길을 내고 모여 사는 곳이 **읍**이다 (고을 **읍**)

邑內	읍내	읍(邑)의 구역 안. 고을.	〈內 안 내〉
邑民	읍민	읍내에 사는 사람.	〈民 백성 민〉
邑樣	읍양	읍내의 형편.	〈樣 모양 양〉
邑村	읍촌	읍에 속한 마을.	〈村 마을 촌〉

enter 나무의 **찢어진 틈** 사이에 **칼**이 **들어 있다** (들 **입**)

入閣	입각	내각의 일원이 됨. 천자가 편전(便殿)에 드는 일.	〈閣 누각 각〉
入庫	입고	물건을 창고에 넣음. ⑪出庫(출고)	〈庫 창고 고〉
入納	입납	편지 쓰는 말로 편지 드린다는 뜻.	〈納 들일 납〉
入住	입주	새로 지은 집에 들어가서 살기 시작함.	〈住 살 주〉

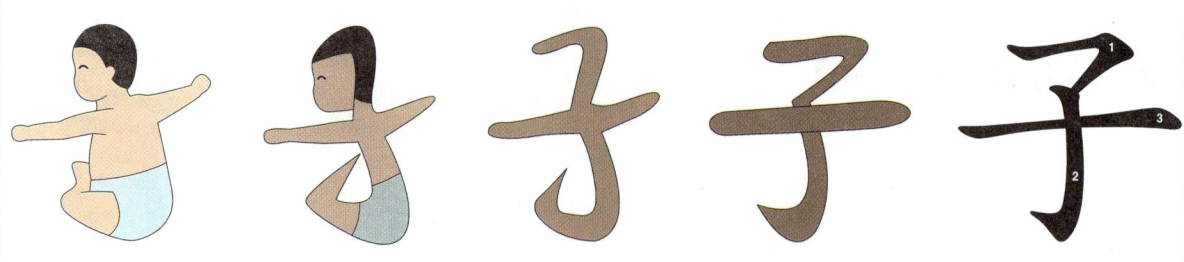

son
아들의 모양을 본뜬 글자 　　　(아들 자)

子婦	자부	며느리.	〈婦 며느리 부〉
子孫	자손	아들과 손자. 예)子孫萬代	〈孫 손자 손〉
子爵	자작	오등작의 네째 작위.	〈爵 벼슬 작〉
孝子	효자	효성이 지극한 아들.	〈孝 효도 효〉

letter
집에서 아들이 글자를 익히다 　　　(글자 자)

字句	자구	글자와 글귀. 예)字句修正	〈句 글귀 구〉
字解	자해	글자의 풀이.	〈解 풀 해〉
字劃	자획	글자의 획. 필획.	〈劃 그을 획〉
文字	문자	글자. 예)表音文字	〈文 글월 문〉

 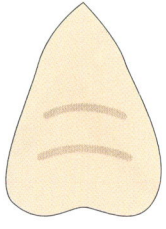 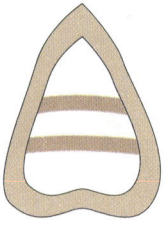 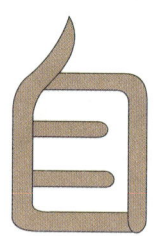 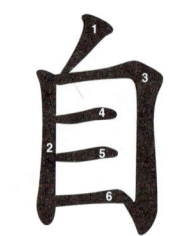

self
코의 모양을 본뜬 글자. 코로 **스스로** 숨 쉰다는 뜻 　　　(스스로/코 자)

自力	자력	자기의 힘. 예)自力救濟	〈力 힘 력〉
自滅	자멸	스스로 멸망함. 예)自滅之計	〈滅 멸망할 멸〉
自負	자부	스스로 자기 힘을 믿음.	〈負 짐질 부〉
自主	자주	남의 보호나 간섭을 받지 아니함.	〈主 주인 주〉

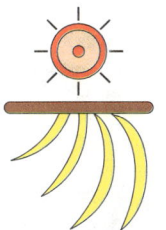 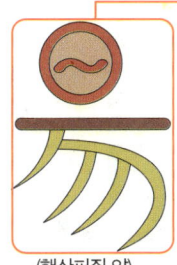

지평선에 햇살이 퍼지는 모양 (햇살퍼질 양) (흙 토) (햇살퍼질 양)

ground　　**흙이 햇살이 퍼지듯 평평한 곳이 마당이다**　　(마당 **장**)

場面	장면	광경. 연극·영화 따위의 한 정경(情景).	〈面 낯면〉
場所	장소	곳. 처소. 자리. 좌석.	〈所 처소〉
每場	매장	장날마다. 시장마다.	〈每 매양매〉
退場	퇴장	회를 마치기 전에 먼저 물러남. 경기 중 반칙 등으로 인해 물러남.	〈退 물러날퇴〉

(들입)　　(들입)

나무의 찢어진 틈에 칼이 들어 있다

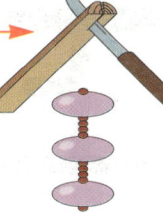  

(구슬옥)

entire　　**좋은 보석에 들어갈 수 있을 만큼 구슬이 흠이 없고 온전하다**　(온전할 **전**)

全局	전국	전체의 국면. 예)全局面	〈局 판국〉
全力	전력	모든 힘. 온통의 힘.	〈力 힘력〉
全般	전반	여러 가지 것의 전부. 비)諸般	〈般 일반반〉
全盛	전성	형세 따위가 한창 성함.	〈盛 성할성〉

前 前 前 前

front　　**쌍 돛대를 올린 배가 물을 칼로 가르듯하면서 앞서다**　　(앞 **전**)

前景	전경	앞의 경치. 반)後景	〈景 볕경〉
前記	전기	앞에 적힌 기록. 반)後記	〈記 기록할기〉
前進	전진	앞으로 향하여 나아감. 반)後進	〈進 나아갈진〉
門前	문전	대문 앞. 예)門前盛市 / 門前乞食	〈前 앞전〉

lightning 비 올 때 안테나에 번개같이 이는 것이 전기다 (번개/전기 **전**)

電機	전기	전력을 사용하는 기계.	〈機 틀기〉
電流	전류	전기의 운동 현상.	〈流 흐를류〉
電信	전신	전기 작용에 의한 통신. 예)無線電信	〈信 믿을신〉
停電	정전	송전이 중지됨. 예)停電事態	〈停 머무를정〉

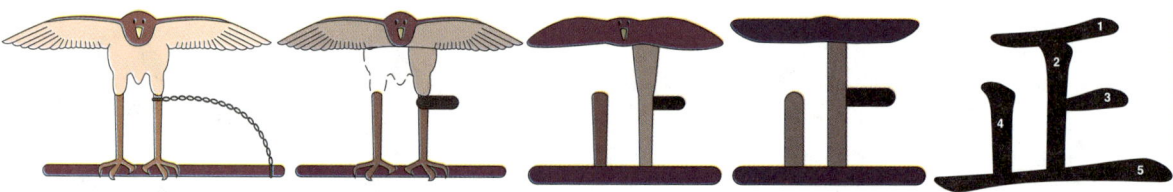

right 발목을 묶인 새가 날개를 수평으로 펴 바르게 앉아 있는 모양 (바를 **정**)

正刻	정각	틀림없는 시간. 작정한 바로 그 시각.	〈刻 새길 각〉
正義	정의	올바른 도의.	〈義 옳을의〉
正直	정직	거짓이 없고 마음이 곧고 바름.	〈直 곧을직〉
正確	정확	자세하고 확실함.	〈確 확실할 확〉

grandfather 제사상에 포개어져 있는 신들이 곧 (조상)할아비다 (할아비 **조**)

祖廟	조묘	선조의 사당.	〈廟 사당묘〉
祖上	조상	한 혈통을 이어오는. 돌아간 어버이.	〈上 위상〉
祖業	조업	조상 때부터 전하여 오는 가업.	〈業 업업〉
祖宗	조종	당대(當代) 이전의 대대 임금의 총칭.	〈宗 마루종〉

| foot | 발목이 묶인 새 발의 모양 | 과할 주
(발 족) |

足恭	주공	지나친 공경. 예)足恭非禮	〈恭 공손할 공〉
足心	족심	발바닥의 중심(中心). 만족한 마음.	〈心 마음 심〉
足跡	족적	발자국. 옛날의 업적. 옛 자취.	〈蹟 발자취 적〉
足下	족하	발 밑. 동배(同輩)에 대한 경칭.	〈下 아래 하〉

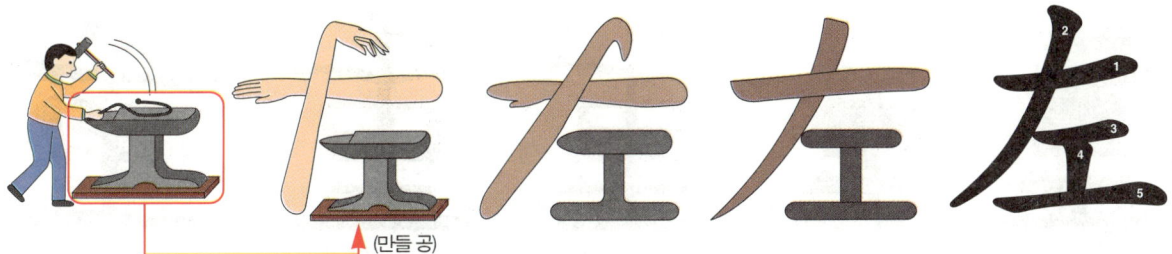

(만들 공)

| left | (옛날에는 오른 손으로 글씨만 쓰고 일할 때는 왼 손을 사용하였음.)
두 손 중에 만드는 데(일할 때) 쓰는 손이 왼쪽 손이다 | (왼 좌) |

左顧	좌고	왼쪽을 향함. 왼쪽을 봄.	〈顧 돌아볼 고〉
左翼	좌익	왼쪽 날개. 급진파. 혁신파. 과격파.	〈翼 날개 익〉
左遷	좌천	중앙에서 지방으로 전근 됨.	〈遷 옮길 천〉
證左	증좌	참고될 만한 증거.	〈證 증거 증〉

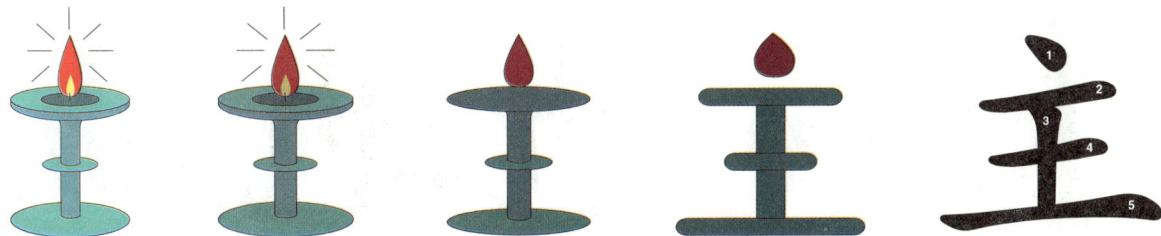

| lord | 촛대의 모양, 나그네가 쓰고 있는 촛대는 집 주인의 것이다 | 주인
(임금 주) |

主動	주동	어떤 일에 주장이 되어 하는 행동.	〈動 움직일 동〉
主張	주장	자기의 의견을 내세움.	〈張 베풀 장〉
主體	주체	사물의 주장이 되는 부분.	〈體 몸 체〉
自主	자주	자기의 힘으로 다스림.	〈自 스스로 자〉

(사람 인) (주인 주)

live 사람이 **주인**이 되니 **촛대**를 밝히고 집에 오래 머물러 **살다** (살/머무를 **주**)

住居	주거	어떤 곳에 자리잡고 삶. 또 그 집.	〈居 살 거〉
住民	주민	그 땅에 사는 백성(百姓).	〈民 백성 민〉
住所	주소	살고 있는 곳. 생활의 본거지인 장소.	〈所 바 소〉
住宅	주택	사람이 들어 사는 집.	〈宅 집 택/집 댁〉

(마을 리)

heavy 곡식을 마을까지 지고 가기가 **무겁다** (무거울 **중**)

重大	중대	매우 중요함.	〈大 큰 대〉
重量	중량	무게. 물체에 작용하는 중력의 크기.	〈量 헤아릴 량〉
重言復言	중언부언	한 말을 되풀이 함.	〈言 말씀 언/復 다시 부〉
輕重	경중	가벼움과 무거움.	〈輕 가벼울 경〉

(흙 토) (뱀 야)

earth 흙 뱀이 사는 곳이 **땅**이다 (땅 **지**)

地球	지구	사람이 살고 있는 땅덩어리.	〈球 공 구〉
地理	지리	토지의 상태.	〈理 다스릴 리〉
地域	지역	토지의 구역. 땅의 경계.	〈域 지경 역〉
地籍	지적	토지의 내용을 적은 기록.	〈籍 서적 적〉

扛 紙 紙 紙 紙

나뭇가지를 뿌리 내리게 한 모양(뿌리/성씨 씨)　(실 사)　(뿌리 씨)

paper
실 뿌리같은 나무 섬유질을 떠서 만든 것이 **종이**다　　(종이 **지**)

紙面	지면	글이 쓰인 종이 겉면. 지상(紙上).	〈面 얼굴 면〉
紙墨	지묵	종이와 먹.	〈墨 먹 묵〉
紙背	지배	글 속에 숨어 있는 속 뜻을 이르는 말.	〈背 등 배〉
紙幣	지폐	종이에 인쇄하여 만든 화폐. 지화(紙貨).	〈幣 화폐 폐〉

straight
십자가가 **교회**에 **곧게** 선 모양　　(곧을 **직**)

直感	직감	사물의 진상을 마음으로 느껴 앎.	〈感 느낄 감〉
直通	직통	중계 없이 바로 통함.	〈通 통할 통〉
宿直	숙직	일터에서 잠을 자면서 지키는 일.	〈宿 잘 숙〉
正直	정직	마음이 바르고 곧음. 예)正直性	〈正 바를 정〉

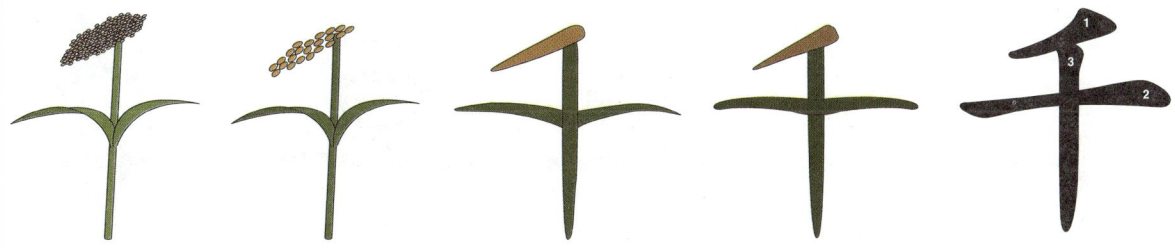

thousand
이삭에 **천여 개**의 곡식이 달린 모양　　(일천 **천**)

千古	천고	오랜 옛적. 예)千古萬難	〈古 옛 고〉
千萬多幸	천만다행	아주 다행스러운 것.	〈萬 일만 만/多 많을다/幸 다행 행〉
千萬人	천만인	헤아릴 수 없을 만큼 많은 사람.	〈萬 일만 만/人 사람 인〉
千憂	천우	많은 걱정.	〈憂 근심 우〉

7급　53

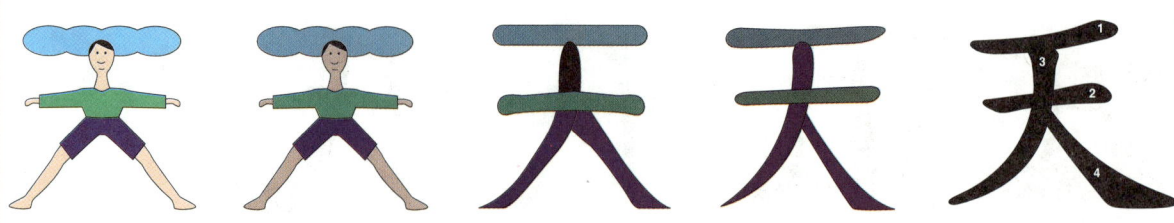

heaven

(사람이) 양 팔을 벌리고 **하늘**을 쳐다보는 모양을 본뜬 자 **(하늘 천)**

天氣	천기	하늘에 나타난 조짐.	〈氣 기운 기〉
天賦	천부	하늘이 줌.	〈賦 줄 부〉
天眞	천진	세파에 젖지 않은 자연 그대로의 참됨.	〈眞 참 진〉
天惠	천혜	하늘의 은혜.	〈惠 은혜 혜〉

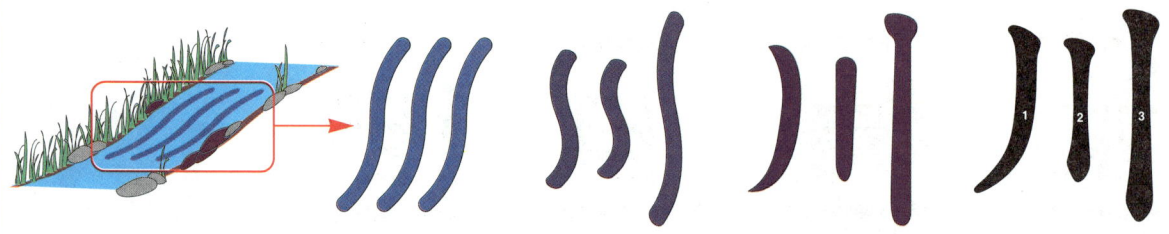

stream

냇물이 흘러가는 모양을 본뜬 글자. **내**를 뜻함 **(내 천)**

川渠	천거	물의 근원이 가까운 곳에 있는 내.	〈渠 개천 거〉
川獵	천렵	냇물에서 놀이로 하는 고기잡이.	〈獵 사냥 렵〉
川邊	천변	냇가.	〈邊 가 변〉
山川	산천	산과 물과 나무, 곧 자연.	〈山 뫼 산〉

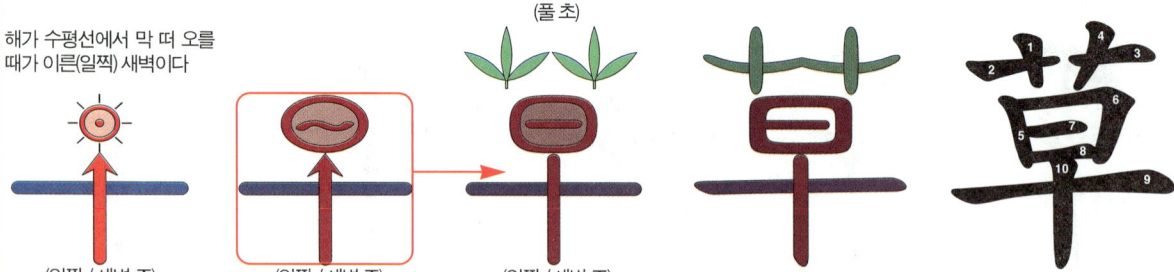

grass

풀싹이 **일찍**부터 나와 풀이 되다 **(풀 초)**

草堂	초당	집의 원채 밖에 억새, 짚 등으로 지붕을 인 조그마한 집채.	〈堂 집 당〉
草案	초안	초잡은 글발. 기초한 의안.	〈案 생각할 안〉
草屋	초옥	풀로 이은 집.	〈屋 집 옥〉
草地	초지	풀이 나 있는 땅.	〈地 따 지〉

村

(나무 목) (손 촌)

village 나무의 **손**(즉 **나뭇가지**)에 싸여 있는 곳이 **시골 마을**이다 (마을/시골 **촌**)

村落	촌락	촌에 이루어진 부락.
村老	촌로	촌옹(村翁).
江村	강촌	강가에 있는 마을.
漁村	어촌	고기잡이가 주업인 마을.

秋

(벼 화) (불 화)

autumn **벼**가 **불**에 익은 듯 누렇게 될 때가 **가을**이다 (가을 **추**)

秋耕	추경	가을갈이.	〈耕 밭갈 경〉
秋穀	추곡	가을에 거두는 곡식.	〈穀 곡식 곡〉
秋分	추분	24절기의 16번째.	〈分 나눌 분〉
秋波	추파	사모의 정을 나타내는 은근한 눈치.	〈波 물결 파〉

春

무성하게 자란 풀의 모양 (날/해 일)

spring **무성하게** 아지랭이가 **햇빛** 속에 아른거리는 계절이 **봄**이다 (봄 **춘**)

春分	춘분	24절기의 넷째.	〈分 나눌 분〉
春陽	춘양	봄볕.	〈陽 볕 양〉
春秋	춘추	봄과 가을.	〈秋 가을 추〉
春香歌	춘향가	"춘향전"을 창극조로 엮어 부른 판소리.	〈香 향기 향/歌 노래 가〉

come out　초목의 싹이 차츰 위로 자라 **나오는** 모양　　　(날 **출**)

出生	출생	태아가 모체에서 태어남.	〈生 날 생〉
出世	출세	입신(立身)하여 훌륭하게 됨.	〈世 인간 세〉
出願	출원	원서를 제출함.	〈願 원할 원〉
出處	출처	사물이 나온 근거.	〈處 곳 처〉

comfortable　**사람**이 불편한 곳을 **다시 고쳐** 놓으니 편하다　(편할 **편** / 똥오줌 **변**)

便法	편법	편리한 방법(方法).	〈法 법 법〉
便乘	편승	남이 타고 가는 거마의 한자리를 얻어 탐.	〈乘 탈 승〉
便宜	편의	편리하고 마땅함.	〈宜 마땅할 의〉
簡便	간편	간단하고 편리함.	〈簡 간략할 간〉

flat　**저울**의 모양을 본뜬 글자. 저울같이 **평평하다**　(평평할 **평**)

平均	평균	많고 적음이 없이 균일함.	〈均 고를 균〉
平等	평등	치우침이 없이 고르고 한결같음.	〈等 무리 등〉
平凡	평범	뛰어난 점이 없이 보통임.	〈凡 범상할 범〉
平生	평생	일생(一生).	〈生 날 생〉

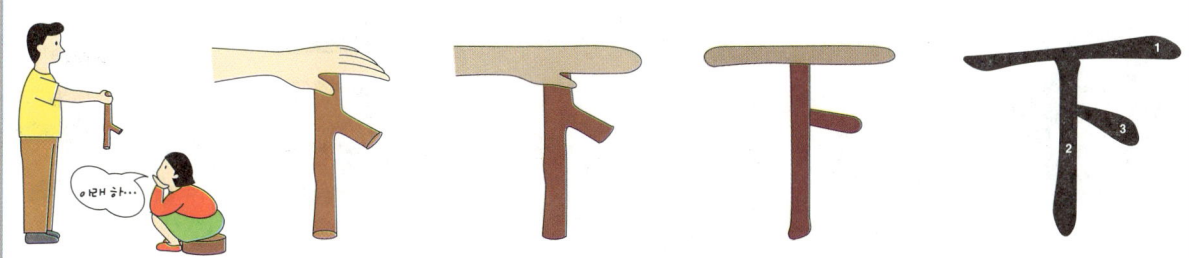

lower   손 아래로 나뭇가지를 쥐고 있으니 아래 하다   (아래 하)

下達	하달	윗사람의 뜻이 아랫사람에게 미치어 이르게 함.	〈達 이를 달〉
下宿	하숙	방값과 식비를 내고 비교적 오랜 기간 남의 집 방에 숙박함.	〈宿 잘 숙〉
下野	하야	관직에서 물러나서 평민으로 돌아감.	〈野 들 야〉
下獄	하옥	죄인을 옥에 넣음.	〈獄 감옥 옥〉

summer   (더워서)머리를 떨구고 천천히 걸어가는 계절이 여름이다   (여름 하)

夏服	하복	여름철의 의복.	〈服 옷 복〉
夏雨	하우	여름에 내리는 비.	〈雨 비 우〉
夏節	하절	여름철.	〈節 마디 절〉
夏至	하지	24절기의 하나(양력 6월 21일 경).	〈至 이를 지〉

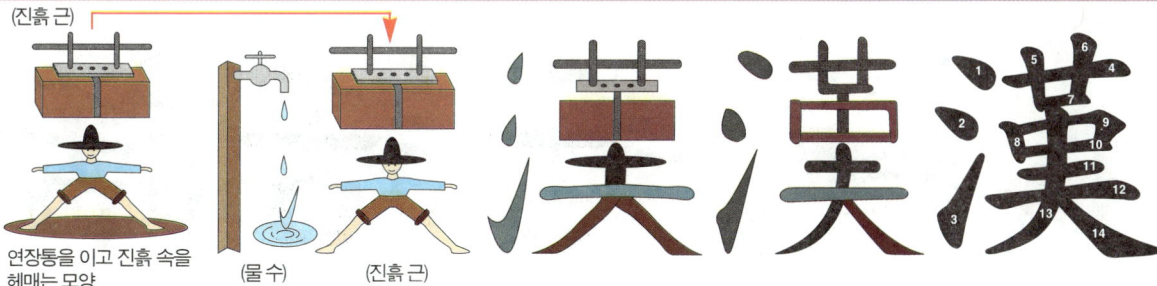

Han 물이 많은 양자강 유역의 기름진 진흙 평원에 세운 나라가 한나라다 (한나라 한)

漢水	한수	큰 강. 한강.	〈水 물 수〉
醉漢	취한	술 취한 사람.	〈醉 취할 취〉
怪漢	괴한	거동이 괴상한 사나이.	〈怪 괴이할 괴〉
惡漢	악한	몹시 악독한 사람.	〈惡 악할 악〉

sea

물이 매양(늘) 흘러가는 곳이 바다다 (바다 해)

海水浴	해수욕	바닷물에서 목욕하거나 수영하는 일.	〈水 물수/浴 목욕할 욕〉
海岸	해안	바닷가의 언덕. 바닷가.	〈岸 언덕 안〉
海洋	해양	큰 바다.	〈洋 큰바다 양〉
海運	해운	해상운송.	〈運 옮길 운〉

flower

풀이 변하여 꽃이 되다 (꽃 화)

花冠	화관	칠보로 꾸민 여자의 관.
花郞道	화랑도	화랑의 무리.
花瓶	화병	꽃병.
花草	화초	꽃이 피는 풀과 나무.

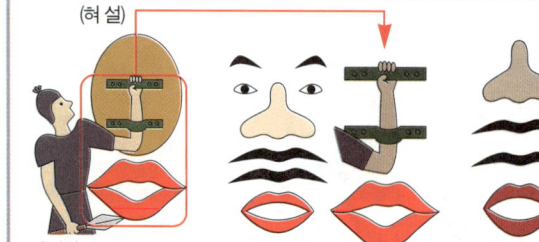

talk

말씀을 혀를 놀려 이야기하다 (이야기/말할 화)

話頭	화두	말머리.	〈頭 머리 두〉
話法	화법	문장이나 담화에서 남의 말을 재현하는 방법.	〈法 법 법〉
話術	화술	말재주.	〈術 재주 술〉
話題	화제	이야기의 제목.	〈題 제목 제〉

live   물이 혀같이 **살아서** 움직이다   (살릴 / 살 **활**)

活氣	활기	활동하는 원기.	〈氣 기운 기〉
活動	활동	기운차게 움직임.	〈動 움직일 동〉
活力	활력	살아 움직이는 힘.	〈力 힘 력〉
活躍	활약	기운차게 뛰어다님.	〈躍 뛸 약〉

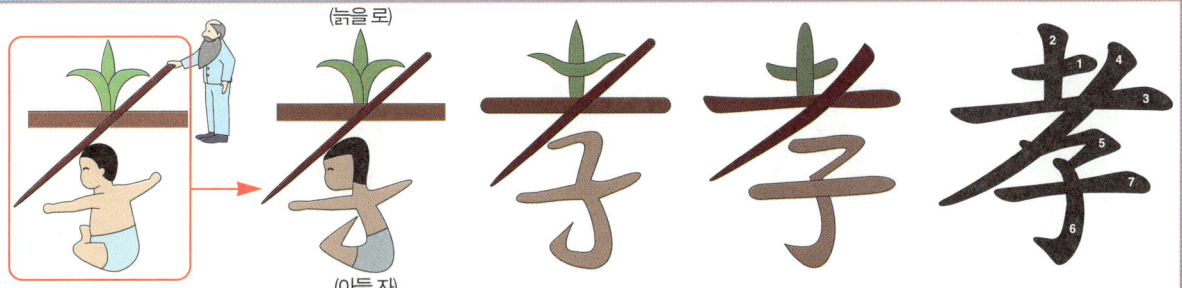

filial duty   **늙은이**가 **아들**에게 **효도**하도록 하다   (효도 **효**)

孝心	효심	효도하는 마음.	〈心 마음 심〉
孝子	효자	부모를 잘 섬기는 아들.	〈子 아들 자〉
孝親	효친	어버이에게 효도함.	〈親 친할 친〉
孝行	효행	부모를 잘 섬기는 행실.	〈行 다닐 행〉

back   걸어갈 때 보폭을 조롱박처럼 **작게** 하여 **천천히** 걸으면 **뒤**서게 된다 (뒤 **후**)

後面	후면	뒤쪽의 면.	〈面 낯 면〉
後發	후발	뒤늦게 떠남.	〈發 필 발〉
後輩	후배	학문, 덕행, 경험, 나이 등이 자기보다 낮거나 늦은 무리.	〈輩 무리 배〉
後世	후세	뒤의 세상.	〈世 인간 세〉

(사람 인) (나무 목)

rest　　　　　사람이 **나무** 밑에서 **쉬다**　　　　　(쉴 **휴**)

休憩	휴게	일을 하거나 길을 걷는 도중에 잠깐 쉬는 일. 휴식.	〈憩 쉴 게〉
休眠	휴면	쉬고 활동 않음.	〈眠 잠잘 면〉
休息	휴식	잠깐 쉼.	〈息 쉴 식〉
休紙	휴지	못쓰게 된 종이, 화장지.	〈紙 종이 지〉

한자 능력 검정 6급 배정 한자 150자
(하위 급수 포함 300자)

角	뿔 각	角(뿔각)부 0획 ⑦
各	각각 각	口(입구)부 3획 ⑥
感	느낄/한할 감	心(마음심)부 9획 ⑬
强	굳셀 강	弓(활궁)부 8획 ⑪
開	열 개	門(문문)부 4획 ⑫
京	서울 경	亠(돼지해머리)부 6획 ⑧
界	지경 계	田(밭전)부 4획 ⑨
計	셀 계	言(말씀언)부 2획 ⑨
高	높을/성 고	高(높을고)부 0획 ⑩
苦	괴로울 고	艹(초두)부 5획 ⑨
古	옛 고	口(입구)부 2획 ⑤
公	공변될 공	八(여덟팔)부 2획 ④
功	공 공	力(힘력)부 3획 ⑤
共	함께 공	八(여덟팔)부 4획 ⑥
科	과목 과	禾(벼화)부 4획 ⑨
果	과실 과	木(나무목)부 4획 ⑧
光	빛 광	儿(어진사람인발)부 4획 ⑥
交	사귈 교	亠(돼지해머리)부 4획 ⑥
球	둥근/구슬 구	玉(王)(구슬옥)부 7획 ⑪
區	구역 구	匸(감출해)부 9획 ⑪
郡	고을 군	阝(우부방)부 7획 ⑩
根	뿌리 근	木(나무목)부 6획 ⑩
近	가까울 근	辶(책받침)부 4획 ⑧
今	이제/곧 금	人(사람인)부 2획 ④
急	급할 급	心(마음심)부 5획 ⑨

級	등급/층계 급	糸(어진사람인)부 4획 ⑥
多	많을 다	夕(저녁석)부 3획 ⑥
短	짧을 단	矢(화살시)부 7획 ⑫
堂	집 당	土(흙토)부 8획 ⑪
代	대신할 대	亻(사람인변)부 3획 ⑤
對	대답할 대	寸(마디촌)부 11획 ⑭
待	기다릴 대	彳(두인변)부 6획 ⑨
圖	그림 도	囗(에운담몸/큰입구몸)부 11획 ⑭
度	법도 도/헤아릴 탁	广(엄호)부 6획 ⑨
讀	읽을 독/구두점 두	言(말씀언)부 15획 ㉒
童	아이 동	立(설립)부 7획 ⑫
頭	머리 두	頁(머리혈)부 7획 ⑯
等	무리 등	竹(대죽)부 6획 ⑫
樂	즐길 락/풍류 악/좋아할 요 木(나무목)부 11획 ⑮
例	법식 례	亻(사람인변)부 6획 ⑧
禮	예도 례	示(보일시)부 13획 ⑱
路	길 로	足(발족)부 6획 ⑬
綠	푸를 록	糸(실사)부 8획 ⑭
理	다스릴 리	玉(王)(구슬옥)부 7획 ⑪
利	이로울 리	刂(선칼도방)부 5획 ⑦
李	오얏나무/성 리	木(나무목)부 3획 ⑦
明	밝을/성 명	日(날일)부 4획 ⑧
目	눈 목	目(눈목)부 0획 ⑤
聞	들을 문	耳(귀이)부 8획 ⑭

米	쌀 / 성 **미**	米(쌀미)부 0획 ⑥
美	아름다울 **미**	羊(양양)부 3획 ⑨
朴	순박할 / 성 **박**	木(나무목)부 2획 ⑥
反	돌이킬 **반** / 뒤칠 **번**	又(또우)부 2획 ④
半	반 **반**	十(열십)부 3획 ⑤
班	나눌 **반**	玉(구슬옥)부 6획 ⑩
發	필 **발**	癶(필발머리)부 7획 ⑫
放	놓을 **방**	攵(攴)(등글월문)부 4획 ⑧
番	차례 **번** / 땅이름 **반** / 날랠 **파**	田(밭전)부 7획 ⑫
別	다를 / 나눌 **별**	刂(선칼도방)부 5획 ⑦
病	병들 **병**	疒(병질엄)부 5획 ⑩
服	옷 **복**	肉(月)(육달월)부 4획 ⑧
本	밑 / 근본 **본**	木(나무목)부 1획 ⑤
部	무리 / 떼 **부**	阝(우부방)부 8획 ⑪
分	나눌 **분**	刀(칼도)부 2획 ④
社	땅귀신 / 모일 **사**	示(보일시)부 3획 ⑧
使	하여금 **사**	亻(사람인변)부 6획 ⑧
死	죽을 **사**	歹(죽을사변)부 2획 ⑥
書	글 **서**	曰(가로왈)부 6획 ⑩
石	돌 **석**	石(돌석)부 0획 ⑤
席	자리 **석**	巾(수건건)부 7획 ⑩
線	줄 **선**	糸(실사)부 9획 ⑮
雪	눈 **설**	雨(비우)부 3획 ⑪
成	이룰 **성**	戈(창과)부 3획 ⑦
省	살필 **성** / 덜(줄일) **생**	目(눈목)부 4획 ⑨
消	사라질 / 끌 **소**	氵(삼수변)부 7획 ⑩
速	빠를 **속**	辶(책받침)부 7획 ⑪

孫	손자 **손**	子(아들자)부 7획 ⑩
樹	나무 **수**	木(나무목)부 12획 ⑯
術	재주 **술**	行(다닐행)부 5획 ⑪
習	익힐 **습**	羽(깃우)부 5획 ⑪
勝	이길 **승**	力(힘력)부 10획 ⑫
始	비로소 **시**	女(계집녀)부 5획 ⑧
式	법 **식**	弋(주살익)부 3획 ⑥
信	믿을 **신**	亻(사람인변)부 7획 ⑨
身	몸 **신**	身(몸신)부 0획 ⑦
新	새 **신**	斤(날근)부 9획 ⑬
神	귀신 **신**	示(보일시변)부 5획 ⑩
失	잃을 **실**	大(클대)부 2획 ⑤
愛	사랑 **애**	心(마음심)부 9획 ⑬
野	들 **야**	里(마을리)부 4획 ⑪
夜	밤 **야**	夕(저녁석)부 5획 ⑧
弱	약할 **약**	弓(활궁)부 7획 ⑩
藥	약 **약**	艹(초두)부 15획 ⑲
洋	큰바다 **양**	氵(삼수변)부 6획 ⑨
陽	볕 **양**	阝(좌부방)부 9획 ⑫
言	말씀 **언**	言(말씀언)부 0획 ⑦
業	업 **업**	木(나무목)부 9획 ⑬
英	꽃부리 **영**	艹(초두)부 5획 ⑨
永	길 **영**	水(물수)부 1획 ⑤
溫	따뜻할 **온**	氵(삼수변)부 10획 ⑬
勇	날랠 **용**	力(힘력)부 7획 ⑨
用	쓸 **용**	用(쓸용)부 0획 ⑤
運	돌 **운**	辶(辶)(책받침)부 9획 ⑬
園	동산 **원**	囗(큰입구몸)부 10획 ⑬

遠	멀 **원**	辶(책받침)부 10획 ⑭	親	친할 **친**	見(볼견)부 9획 ⑯
由	말미암을 **유**	田(밭전)부 0획 ⑤	太	클 **태**	大(클대)부 1획 ④
油	기름 **유**	氵(삼수변)부 5획 ⑧	通	통할 **통**	辶(책받침)부 7획 ⑪
銀	은 **은**	金(쇠금)부 6획 ⑭	特	유다를 **특**	牛(소우)부 6획 ⑩
音	소리 **음**	音(소리음)부 0획 ⑨	表	겉 **표**	衣(옷의)부 3획 ⑨
飮	마실 **음**	食(飠)(밥식)부 4획 ⑬	風	바람 **풍**	風(바람풍)부 0획 ⑨
意	뜻 **의**	心(마음심)부 9획 ⑬	合	합할 **합** / 홉 **흡**	口(입구)부 3획 ⑥
醫	의원 **의**	酉(닭유)부 11획 ⑱	幸	다행 **행**	干(방패간)부 5획 ⑧
衣	옷 **의**	衣(옷의)부 0획 ⑥	行	다닐 **행** / 항렬 **항**	行(다닐행)부 0획 ⑥
者	놈 **자**	老(耂)(늙을로엄)부 5획 ⑨	向	향할 **향**	口(입구)부 3획 ⑥
昨	어제 **작**	日(날일)부 5획 ⑨	現	나타날 **현**	玉(王)(구슬옥)부 7획 ⑪
作	만들 **작**	亻(사람인변)부 5획 ⑦	形	형상 **형**	彡(터럭삼/삐친석삼)부 4획 ⑦
章	글 **장**	立(설립)부 6획 ⑪	號	부르짖을 **호**	虍(범호엄)부 7획 ⑬
才	재주 **재**	扌(재방변)부 0획 ③	和	화할 **화**	口(입구)부 5획 ⑧
在	있을 **재**	土(흙토)부 3획 ⑥	畵	그림 **화** / 그을 **획**	田(밭전)부 7획 ⑫
戰	싸움 **전**	戈(창과)부 12획 ⑯	黃	누를/성 **황**	黃(누를황)부 0획 ⑫
庭	뜰 **정**	广(엄호엄)부 7획 ⑩	會	모일/모을 **회**	曰(가로왈)부 9획 ⑬
定	정할 **정**	宀(갓머리)부 5획 ⑧	訓	가르칠 **훈**	言(말씀언)부 3획 ⑩
第	차례 **제**	竹(대죽)부 5획 ⑪			
題	제목/이마 **제**	頁(머리혈)부 9획 ⑱			
朝	아침 **조**	月(달월)부 8획 ⑫			
族	겨레 **족**	方(모방)부 7획 ⑪			
注	물댈 **주**	氵(삼수변)부 5획 ⑧			
晝	낮 **주**	日(날일)부 7획 ⑪			
集	모을 **집**	隹(새추)부 4획 ⑫			
窓	창 **창**	穴(구멍혈)부 6획 ⑪			
淸	맑을 **청**	氵(삼수변)부 8획 ⑪			
體	몸 **체**	骨(뼈골)부 13획 ㉓			

horn

코뿔소의 **뿔**을 본뜬 글자 　　　　　　　　　　 (뿔 **각**)

角弓	각궁	뿔로 만든 활.	〈弓 활궁〉
角度	각도	각의 크기. 예)角度器	〈度 법도 도〉
角逐	각축	서로 이기려고 다툼. 예)角逐戰	〈逐 쫓을 축〉
頭角	두각	우뚝 뛰어남. 길이와 부피.	〈頭 머리 두〉

each

천천히 걸어서 장애물을 **각각** 넘다 　　　　　　 (각각 **각**)

各各	각각	따로따로. 몫몫이.	〈各 각각 각〉
各界	각계	사회의 각 방면. 예)各界各層	〈界 지경 계〉
各色	각색	여러 가지 빛깔. 예)各樣各色	〈色 빛 색〉
各項	각항	각 항목.	〈項 목 항〉

(다 함)

개를 창으로 때려 잡아
입으로 다 먹어 치우다

(다 함)

(가슴/마음 심)

feel

다 같은 **마음**으로 **느끼다** 　　　　　　 (느낄/마음먹을 **감**)

感覺	감각	느끼어 깨달음. 예)美的感覺	〈覺 깨달을 각〉
感激	감격	느끼어 마음이 몹시 움직임.	〈激 과격할 격〉
感想	감상	느끼어 일어나는 생각.	〈想 생각할 상〉
多感	다감	감동하기 쉬움. 예)多情多感	〈多 많을 다〉

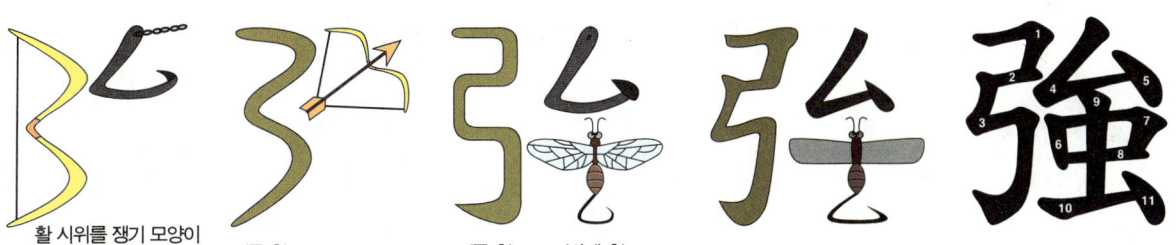

활 시위를 쟁기 모양이 되게 크게 벌리다 　(클 홍)　(클 홍)　(벌레 충)

strong　　큰 벌레는 (작은 벌레보다) **강하다**　　(굳셀 강할 **강**)

強軍	강군	전투력이 강한 군대. 실력이 센 경기 단체. 강한 팀.	〈軍 군사 군〉
強壓	강압	강제로 억누름.	〈壓 누를 압〉
富强	부강	백성이 부유하고 군사가 강함.	〈富 부자 부〉
力强	역강	힘이 굳셈. 세력이 넉넉함.	〈力 힘력〉

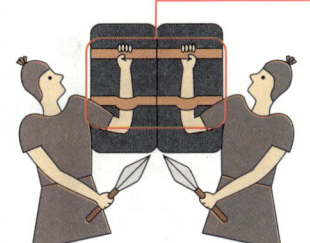
방패를 붙여 놓은 모양 (평평할 견)

(평평할 견)

(문 문)　(평평할 견)

open　　문을 평평한 것을 들고 들어가려고 **열다**　　(열 **개**)

開講	개강	강좌·강습회·강경 등을 시작함.	〈講 강론할 강〉
開發	개발	개척하여 발전시킴.	〈發 필 발〉
開設	개설	처음으로 열어 차림.	〈設 베풀 설〉
開催	개최	어떤 모임이나 행사를 주장하여 엶.	〈催 재촉할 최〉

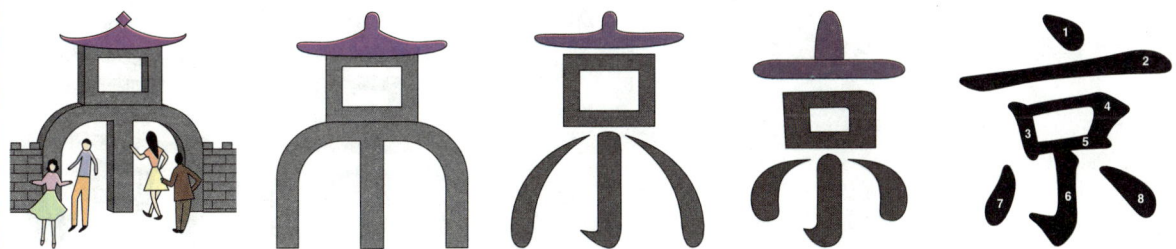

capital　　많은 사람이 왕래하는 **서울**의 성문을 본뜬 글자　　(서울 **경**)

京城	경성	도읍(都邑)의 성. 서울.	〈城 재 성〉
京鄉	경향	서울과 시골.	〈鄉 시골 향〉
歸京	귀경	서울로 돌아오거나 돌아감.	〈歸 돌아갈 귀〉
上京	상경	시골에서 서울로 올라옴.	〈上 윗 상〉

boundary

밭 사이에 끼인 선이 지경(경계)이다   (지경 경계 **계**)

界標	계표	경계의 표시.	〈標 표할 표〉
界限	계한	땅의 경계. 한계.	〈限 한정 한〉
財界	재계	실업가 및 금융업자의 사회.	〈財 재물 재〉
政界	정계	정치활동에 관계되는 사회.	〈政 정사 정〉

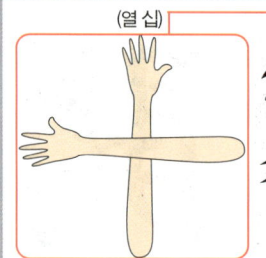

count

말로 열까지 세다(계산하다)   (셀 **계**)

計巧	계교	요리조리 생각해 낸 꾀.	〈巧 공교할 교〉
計器	계기	무게·길이·양을 재는 기계.	〈器 그릇 기〉
計量	계량	분량을 잼. 양을 계산함. 예)計測	〈量 헤아릴 량〉
計算	계산	셈을 헤아림. 식의 운산을 하여 수치를 구해 내는 일.	〈算 셈 산〉

high

높은 성루를 본뜬 글자. 높다는 뜻으로 쓰임   (높을 **고**)

高貴	고귀	지위나 인품이 높고 귀함.	〈貴 귀할 귀〉
高談	고담	거리낌없이 큰 소리로 말함.	〈談 말씀 담〉
高速	고속	속력이 매우 빠름. 예)高速道路	〈速 빠를 속〉
高誼	고의	① 특별한 정의. ② 교의(交誼).	〈誼 마땅할 의〉

(오랜 고)
오래된 십자가 비석의 모양

(풀 초)
(오랠 고)

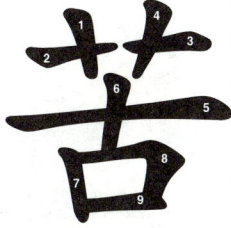

bitter
풀이 **오래**되면 맛이 **쓰다**

(괴로울/쓸 **고**)

苦難	고난	괴로움과 어려움.	〈難 어려울 난〉
苦生	고생	어렵고 괴로운 생활. 괴롭게 수고함.	〈生 날 생〉
苦盡甘來	고진감래	고생 끝에 즐거움이 옴.	〈盡 다할 진/甘 달 감/來 올 래〉
刻苦	각고	몹시 애씀.	〈刻 새길 각〉

old
옛부터 서 있던 **오래된** 십자가 비석의 모양

(옛 **고**/오랠 **고**)

古宮	고궁	옛 궁궐(宮闕). 옛날의 궁전.	〈宮 궁궐 궁〉
古今	고금	옛적과 지금. 옛날과 오늘날.	〈今 이제 금〉
古來	고래	예로부터 지금까지.	〈來 올 래〉
古典	고전	옛날의 법식이나 제도.	〈典 법 전〉

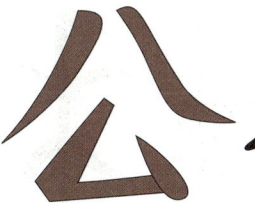

public
귀인의 모양을 그린 것

(귀인/공변될 **공**)

公共	공공	공중(公衆)에 다같이 관계되는 것.	〈共 함께 공〉
空器	공기	언론 기관을 이름.	〈器 그릇 기〉
公明	공명	공정(公正)하고 명백(明白)함.	〈明 밝을 명〉
公翰	공한	공적(公的)인 서신(書信).	〈翰 편지 한〉

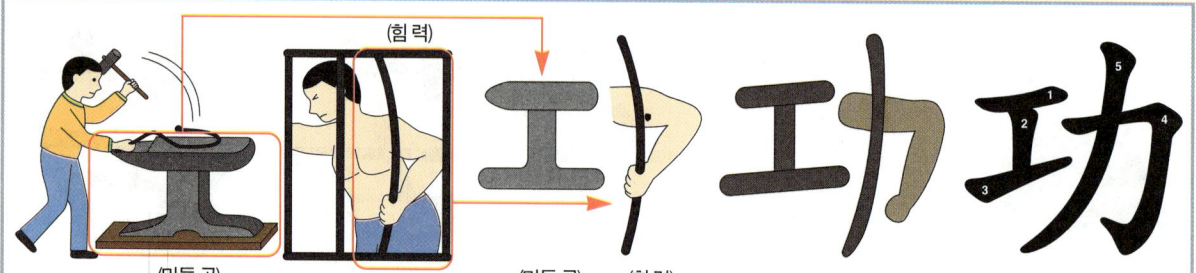

merits (새로운 것을) **만들려고 힘**을 써 사회에 **이바지**하다 (이바지할 **공**)

功勞	공로	힘쓴 공적. 예)功勞賞	〈勞 수고로울 로〉
功名	공명	공을 세워 이름을 떨침.	〈名 이름 명〉
功位	공위	공훈과 지위.	〈位 자리 위〉
功績	공적	쌓은 공로. 예)功績碑	〈績 공적 적〉

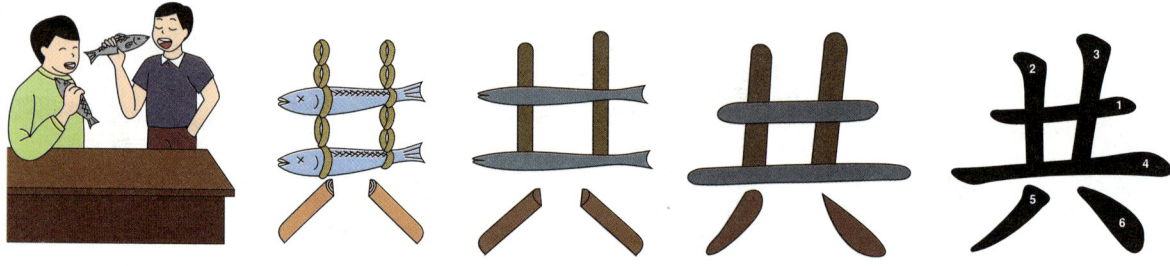

together **엮은 고기**를 **나누어 함께** 가지다 (함께 **공**)

共同	공동	여러 사람이 일을 같이 함.	〈同 한가지 동〉
共營	공영	여럿이 함께 사업을 경영함.	〈營 경영할 영〉
共益	공익	공동의 이익. 예)公益事業	〈益 더할 익〉
共存	공존	함께 살아 나감. 예)共存共榮	〈存 있을 존〉

subject **벼**의 수량을 **말질**하여 **조목조목** 따지다 (과목 조목 **과**)

科客	과객	과거를 보러 온 선비.	〈客 손 객〉
科目	과목	① 학문의 구분. ② 사물의 구분.	〈目 눈 목〉
科料	과료	가벼운 죄에 과하는 벌금형.	〈料 헤아릴 료〉
科程	과정	① 학과의 과정. ② 순서.	〈程 길 정〉

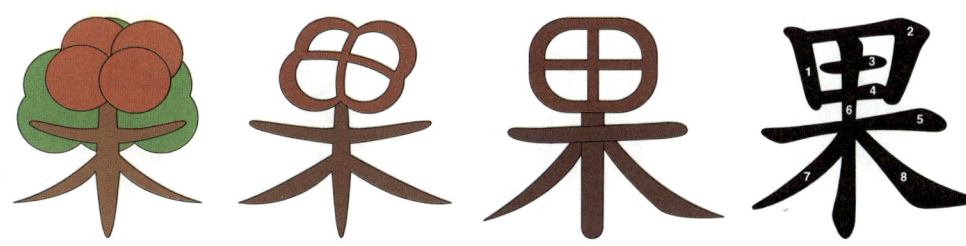

fruit 열매(실과)가 나무에 달린 모양 (과실/실과 **과**)

果敢	과감	결단성 있고 용감함.	〈敢 감히 감〉
果實	과실	과수(果樹)에 열리는 열매.	〈實 열매 실〉
果然	과연	참으로 그러함.	〈然 그럴 연〉
果汁	과즙	과실의 즙.	〈汁 진액 즙〉

light 호롱불이 탁자 위에서 빛을 내는 모양 (빛 **광**)

光景	광경	벌어진 일의 형편이나 모양.	〈景 볕 경〉
光復	광복	잃었던 국권을 도로 찾음.	〈復 회복할 복〉
光彩	광채	눈부신 빛. 찬란한 빛.	〈彩 채색 채〉
光澤	광택	물체의 표면이 어른어른하게 빛나는 윤기.	〈澤 윤택할 택〉

associate 갓을 쓰고 견대를 좌우로 걸친 자가 친구와 사귀다 (사귈 **교**)

交涉	교섭	일을 위해 상대편과 접촉함.	〈涉 건널 섭〉
交易	교역	나라 사이에서 물건을 바꿈.	〈易 바꿀 역〉
交友	교우	벗을 사귐. 친구를 사귐.	〈友 벗 우〉
交叉	교차	서로 엇갈림. 예)交叉路	〈叉 양갈래 차〉

닻을 내려 배를 고정시켜 구하다
(잠수부의 손에는 진주가 있음)

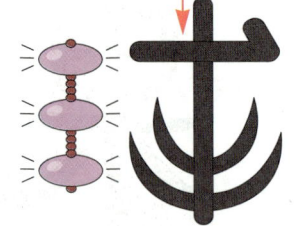
(구슬 옥) (구할 구)

球

pearl
구슬을 **구하여** 가공해 **둥글게** 하다

(둥글 / 구슬 **구**)

球技	구기	공으로 행하는 경기.	〈技 재주 기〉
球形	구형	구슬과 같이 둥근 모양.	〈形 형상 형〉
地球	지구	사람이 살고 있는 땅덩어리.	〈地 따 지〉
投球	투구	야구에서 공을 던지는 일.	〈投 던질 투〉

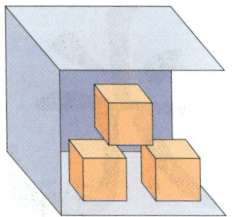 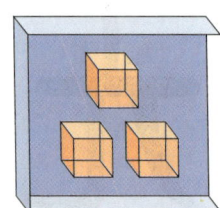 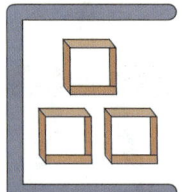 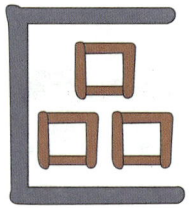 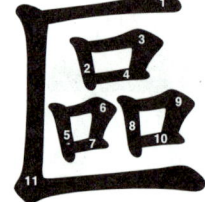

partition
통 안에 물건을 **나누어** 넣은 모양

(나눌 / 구역 **구**)

區間	구간	일정한 지점 사이. ㉠一定區間	〈間 사이 간〉
區別	구별	종류에 따라 갈라 놓음.	〈別 다를 별〉
區劃	구획	경계를 갈라 정함. ㉠區劃漁業	〈劃 그을 획〉
學區	학구	교육 행정상 나누어진 구역.	〈學 배울 학〉

손에 지휘봉을 들고 입으로
명령하는 자가 임금이다

(임금 군) (임금 군) (마을 읍)

郡

country
임금이 다스리는 **마을**이 고을이다

(고을 **군**)

郡民	군민	고을에 사는 사람들. ㉠郡民合同	〈民 백성 민〉
郡勢	군세	고을의 형세. ㉠郡勢擴張	〈勢 형세 세〉
郡制	군제	군청에서 설정한 제도.	〈制 법도 제〉
郡廳	군청	군의 행정사무를 맡아 보는 관청.	〈廳 관청 청〉

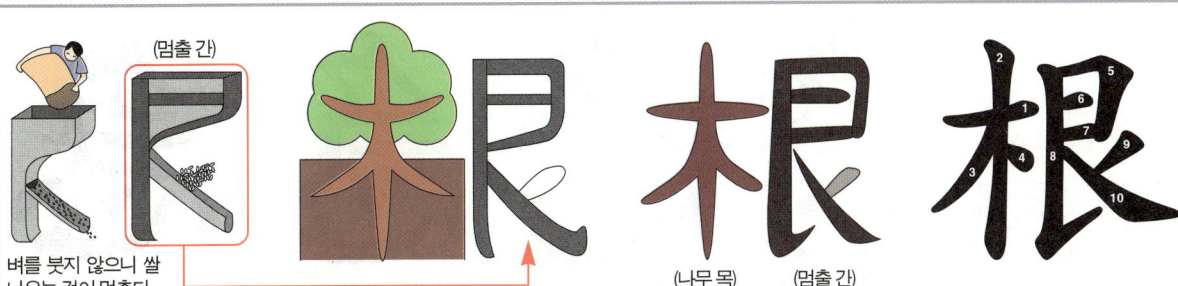

| root | 나무를 멈추게 하는 것이 뿌리다 | (뿌리 근) |

根幹	근간	① 뿌리와 줄기. ② 사물의 중심이 되는 부분.	〈幹 줄기 간〉
根本	근본	사물의 발생근원. 예)根本原理	〈本 근본 본〉
根性	근성	뿌리 깊게 박힌 본디의 성질.	〈性 성품 성〉
禍根	화근	재화의 근원.	〈禍 재화 화〉

| near | 도끼로 달려가 찍을 수 있을 만큼 가깝다 | (가까울 근) |

近刊	근간	최근에 간행된 간행물.	〈刊 펴낼 간〉
近隣	근린	가까운 이웃.	〈隣 이웃 린〉
近視	근시	먼 데는 물상을 잘 보지 못하는 눈.	〈視 볼 시〉
近接	근접	가까이 닿음.	〈接 이을 접〉

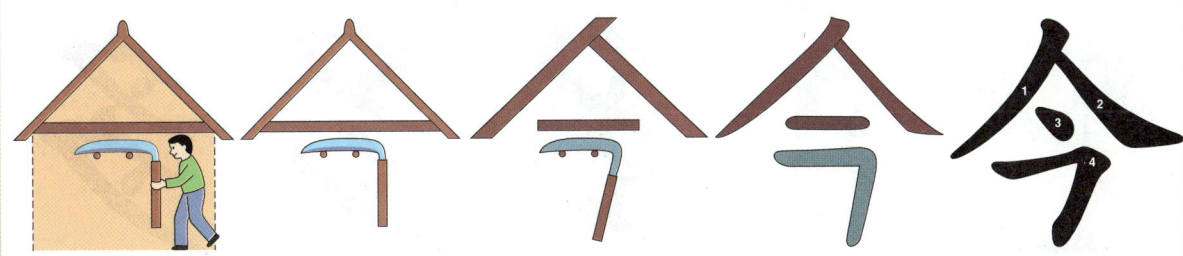

| now | 집에서 낫을 들고 이제 막 일하러 간다는 뜻 | (곧 / 이제 금) |

今明間	금명간	오늘이나 내일 사이.	〈明 밝을 명 / 間 사이 간〉
今方	금방	이제 방금. 지금 막.	〈方 모 방〉
今昔	금석	지금과 옛날. 어젯밤.	〈昔 옛 석〉
現今	현금	지금. 이제. 目下(목하).	〈現 나타날 현〉

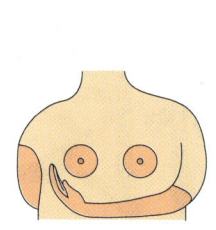

hurried (아픈) 사람에게 손을 쓰려니 마음만 급하다 (급할 **급**)

急減	급감	급히 줆. 갑자기 삭감함.	〈減 덜 감〉
急激	급격	변화·행동 등이 급하고도 격렬함.	〈激 과격할 격〉
急報	급보	급한 보도. 급히 알림.	〈報 알릴 보〉
躁急	조급	성질이 참을성 없이 급함.	〈躁 조급할 조〉

class 실을 기둥까지 미치게 하려고 차례차례 잇다 (등급/차례 **급**)

級友	급우	같은 학교에서 배우는 벗.
級差	급차	어떤 지위에 있어 순서나 차례를 나타내는 등급.
等級	등급	높고 낮음의 차례를 분별한 층수.
進級	진급	한 등급 위로 올라감.

many 저녁이면 저녁마다 허구 많은 밤을 님을 기다리다 (많을 **다**)

多寡	다과	수효의 많음과 적음. ⓑ多少	〈寡 적을 과〉
多難	다난	어려움이 많음. ⓔ多事多難	〈難 어려울 난〉
多福	다복	복이 많음. ⓔ多福多男	〈福 복 복〉
多幸	다행	① 운수가 좋음. ② 뜻밖에 잘 됨.	〈幸 다행 행〉

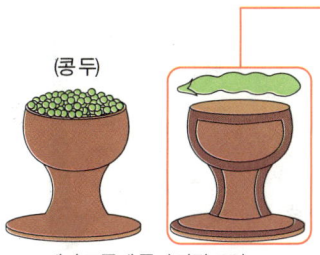

short　　　　화살보다 콩 꼬투리가 **짧다**　　　　(짧을 **단**)

短氣	단기	기력을 갑자기 잃음. 급한 성질.	〈氣 기운 기〉
短牆	단장	낮은 담. 낮게 쳐 놓은 담.	〈牆 담 장〉
短點	단점	낮고 모자라는 점. 반長點	〈點 점 점〉
短縮	단축	짧게 줄임. 예短縮授業	〈縮 오그라들 축〉

house　　　**높게 흙을 돋워 집을 당당하게 짓다**　　　(집/당당할 **당**)

堂內	당내	동성동본(同姓同本)의 팔촌 이내 일가. 불당, 사당 등의 안.
堂堂	당당	매우 의젓하고 떳떳함. 예正正堂堂
堂姪	당질	오촌 조카. 사촌의 아들. 종질(從姪).
堂號	당호	당(堂)의 명칭. 별호. 아호(雅號).

substitute　　**사람이 주살을 가보를 대신하여 대대로 전하다**　　(대신할 **대**)

代辯	대변	대신하여 의견·태도를 발표함.
代用	대용	어떤 것의 대신으로 씀.
代替	대체	갈아서 바꿈.
代行	대행	남이나 타기관을 대신하여 어떤 일을 행함.

| reply | (뿌리를 자른) **무성한 화초**를 손에 들고 **마주 보다** | 마주볼
대답할 **대** |

對價	대가	재산이나 노력등을 주고 얻는 이익.	〈價 값 가〉
對決	대결	양자가 맞서서 우열을 결정함.	〈決 정할 결〉
對談	대담	마주 대해 이야기 함.	〈談 말씀 담〉
對答	대답	묻는 말에 응함.	〈答 대답 답〉

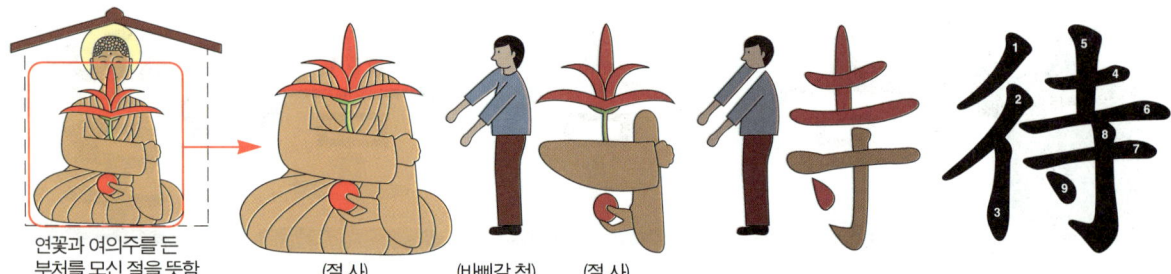

| wait | **바삐 가 절**에서 불공드릴 순서를 **기다리다** | (기다릴 **대**) |

待機	대기	기회를 기다림. 준비를 마치고 명령을 기다림.	〈機 기계/기회 기〉
待令	대령	명령을 기다림.	〈令 명령 령〉
待望	대망	바라고 기다림.	〈望 바랄 망〉
待接	대접	손님을 맞아 위하여 줌.	〈接 맞을 접〉

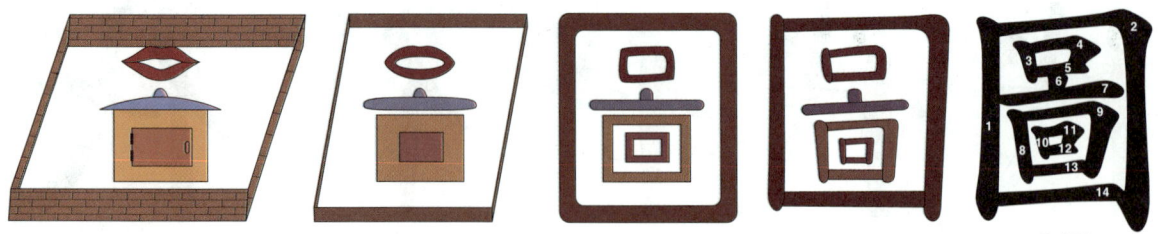

약 図

| picture | **에워싼** 대중에게 **입**으로 광의 설계도 **그림** 알리기를 **꾀하다** | 그림
꾀할 **도** |

圖謀	도모	일을 이루려고 꾀함.
圖書	도서	글씨·그림·책 따위의 총칭.
圖案	도안	일정한 모양으로 그려 낸 고안.
圖表	도표	그림을 그려서 나타낸 표.

 食 度 度 度

law / degree　집에서 엮은 고기를 집어들고 길이를 재다　(법도 / 잴 **도**)

度量	도량	너그러운 마음과 깊은 생각.	〈量 헤아릴 량〉
程度	정도	알맞은 한도. 예程度問題	〈程 길 정〉
制度	제도	마련한 법도. 나라의 법칙.	〈制 법도/억제할 제〉
度地	탁지	지형을 측량함. 예度地部	〈地 따 지〉

read　말소리를 크게 내며 물건을 팔 때같이 (큰 소리로) 읽다　(읽을 **독**)

讀書	독서	책을 읽음. 예讀書週間	〈書 글 서〉
讀破	독파	끝까지 다 읽어냄. 예完全讀破	〈破 깨뜨릴 파〉
讀後	독후	책 따위를 읽은 뒤. 예讀後感	〈後 뒤 후〉
朗讀	낭독	소리내어 읽음. 예詩朗讀會	〈朗 밝을 낭〉

child　서서 마을에서 노는 자가 아이들이다　(아이 **동**)

童男童女	동남동녀	사내아이와 계집아이.	〈男 사내 남/女 계집 녀〉
童心	동심	어린이의 마음. 어릴적 마음.	〈心 마음 심〉
童顔	동안	어린이와 같은 얼굴.	〈顔 얼굴 안〉
童謠	동요	어린이의 정서를 표현한 노래.	〈謠 노래 요〉

(콩 두)

제기 그릇에 콩이 담긴 모양 (콩 두) (머리 혈)

| head | (콩은 곡식 중에 제일 크기 때문에) **콩**같은 **머리**(즉 큰 아이디어)를 가진 자가 **우두머리**가 된다 | (머리 우두머리 **두**) |

頭角	두각	우뚝 뛰어남. 또, 뛰어난 재능.	〈角 뿔 각〉
頭腦	두뇌	머릿골. 슬기롭게 판단하는 힘.	〈腦 머리 뇌〉
頭痛	두통	머리가 아픔. 또는 그 증세.	〈痛 아플 통〉
冒頭	모두	말이나 문장의 첫머리.	〈冒 무릅쓸 모〉

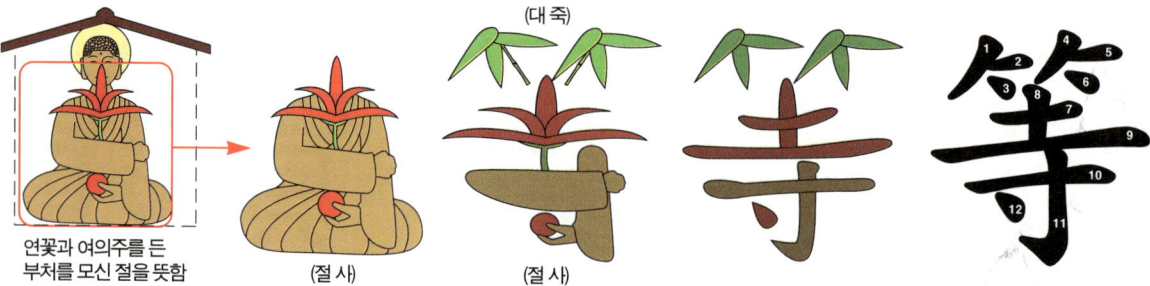

연꽃과 여의주를 든 부처를 모신 절을 뜻함 (절 사) (절 사) (대 죽)

| grade | 대쪽에 쓴 불경을 **절**에서 **등급(무리)** 별로 **가지런히** 놓다 | (무리 가지런할 **등**) |

等級	등급	계급. 높낮이의 차례.
等分	등분	똑같이 나눔. 또, 그 분량.
等閑視	등한시	대수롭지 않게 여김.
吾等	오등	우리들.

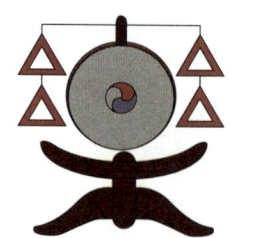

교방고 : 북의 일종

| enjoy | 교방고의 모양을 본뜬 자. 교방고를 치며 **즐거워하다** | (즐길 **락**) |

樂器	악기	음악을 연주하는 기구.	〈器 그릇 기〉
樂長	악장	음악을 연주하는 단체의 우두머리.	〈長 길 장〉
樂觀	낙관	사물의 형편을 좋게 봄. 반悲觀	〈觀 볼 관〉
樂園	낙원	즐겁고 살기 좋은 곳.	〈園 동산 원〉

앙상하게 뼈를 칼로 발라서 벌리어 놓다
(사람 인) (벌릴 렬)

example

사람들을 **벌리어** 세워놓고 **본보기**로 삼다

(법식 본보기) **례**

例規	예규	관례나 규칙. 관례(慣例)로 되어 있는 준거할 규칙(規則).
例示	예시	예를 들어 보임.
前例	전례	이전부터 있은 사례.
違例	위례	상례를 벗어남.

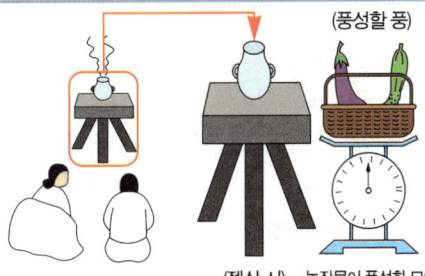

(풍성할 풍)
(젯상 시) 농작물이 풍성한 모양
약 礼

courtesy

젯상을 **풍성하게** 차리고 제 지내는 것이 **예도**다

(예도 **례**)

禮貌	예모	예절에 맞는 모양.
禮物	예물	예식에 쓰는 물건. 혼례 선물.
禮拜	예배	신이나 부처 앞에 경배함. 또, 그 의식.
禮讚	예찬	칭찬하여 높임.

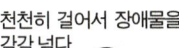

천천히 걸어서 장애물을 각각 넘다

(발 족)
한쪽 다리가 묶인 새의 모양
(각각 각)
(각각 각)

road

줄에 묶인 새로 발이 **각각** 다니는 곳이 **길**이다

(길 **로**)

路費	노비	길을 오가는 데 드는 비용.	〈費 소비할 비〉
路線	노선	일정한 목표를 향하여 나아가는 길.	〈線 실선〉
路程	노정	여행의 경로.	〈程 길 정〉
街路	가로	도시의 넓은 길. 예)街路樹	〈街 거리 가〉

(나무깎을 록)
나무를 깎는 모양   (실 사)   (나무깎을 록)

green　　실같이 (나무를) **깎아낸** 생나무의 껍질이 **푸르다**　　(푸를 **록**)

綠末	녹말	물에 불린 녹두를 갈아 앙금앉힌 것을 말린 가루.	〈末 끝 말〉
綠陰	녹음	푸른 잎이 우거진 나무의 그늘.	〈陰 그늘 음〉
綠地	녹지	초록이 무성한 땅.	〈地 따 지〉
新綠	신록	늦봄이나 초여름의 초목이 띤 푸른빛.	〈新 새 신〉

 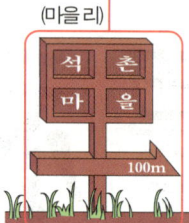 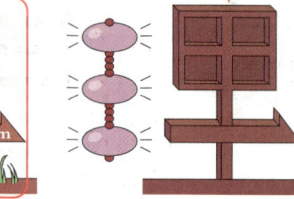
마을의 이정표를 본뜬 자　(구슬 옥)　(마을 리)

regulate　　**구슬**(재물)로 **마을**을 **이치**에 맞게 **다스리다**　　(이치 / 다스릴 **리**)

理念	이념	이성의 판단으로 얻은 최고의 개념.	〈念 생각 념〉
理論	이론	사물의 이치. 순수 관념에 의한 논리.	〈論 의논할 론〉
理想鄕	이상향	실재하지 않는 이상적인 세계.	〈想 생각할 상 / 鄕 시골 향〉
理智	이지	사물을 분별하고 이해하는 슬기.	〈智 지혜 지〉

(벼 화)　(칼 도)

sharp　　벼를 베는 **칼**(낫)은 날카로울수록 **이롭다**　　(날카로울 / 이로울 **리**)

利用	이용	이롭게 씀.	〈用 쓸 용〉
利得	이득	이익을 얻음. 또 그 이익.	〈得 얻을 득〉
利潤	이윤	장사하여 남은 돈.	〈潤 윤택할 윤〉
有利	유리	이익이 있음.	〈有 있을 유〉

 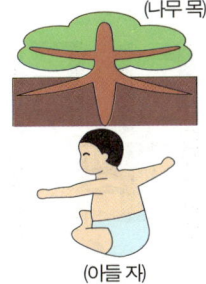

(나무 목) (아들 자)

plum　　　나무 밑에서 아들이 즐겨 따 먹는 과일이 오얏이다　　(오얏나무 리)

李某	이모	이(李)아무개. 성이 이씨인 어느 사람.	〈某 아무 모〉
李四	이사	오얏의 별명. 심어서 4년째에 열매가 열리는 데서 하는 말.	〈四 넉 사〉
桃李	도리	복숭아와 오얏.	〈桃 복숭아 도〉
行李	행리	고리. 고리짝. 버드나무로 엮은 상자.	〈行 다닐 행〉

(해 일)　　(달 월)

bright　　　해와 달빛이 밝다　　(밝을 명)

明敏	명민	총명(聰明)하고 민첩(敏捷)함.	〈敏 민첩할 민〉
明示	명시	분명하게 가리킴.	〈示 보일 시〉
明明白白	명명백백	아주 분명하게 나타남. 분명하고 똑똑함.	〈白 흰 백〉
明確	명확	명백하고 확실함. 뚜렷함.	〈確 확실할 확〉

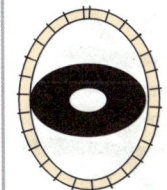 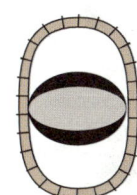   

eye　　　눈의 모양을 본뜬 글자　　(눈 목)

目擊	목격	눈으로 직접 봄. 언뜻 봄.	〈擊 칠 격〉
目錄	목록	어떤 물품의 이름을 순서대로 적은 것.	〈錄 기록할 록〉
目的	목적	일을 이루려 하는 목표.	〈的 과녁 적〉
目標	목표	일을 이루려는 대상으로 삼는 것.	〈標 표할 표〉

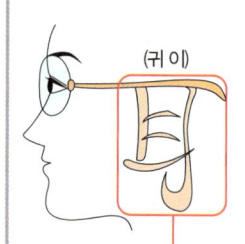 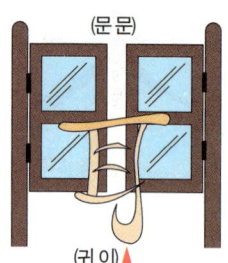

hear
문쪽으로 귀를 대고 (엿)듣다 (들을 문)

聞見	문견	듣고 보아 얻은 지식.
聞達	문달	명성이 높고 현달(顯達)함.
聞道	문도	도리(道理)를 들어 앎. 또, 도를 엶.
聞知	문지	들어서 앎.

rice
쌀알이 흩어져 있는 모양 (쌀 미)

米穀	미곡	쌀. 곡식.	〈穀 곡식 곡〉
米粒	미립	쌀의 낱알. 쌀알.	〈粒 낱알 립〉
米麥	미맥	쌀과 보리. 곡식. 穀物(곡물).	〈麥 보리 맥〉
米壽	미수	여든여덟 살. 米는 八+八임.	〈壽 목숨 수〉

beautiful
양이 크게 자라니 아름답다 (아름다울 미)

美觀	미관	아름다운 광경. 훌륭한 경치.	〈觀 볼 관〉
美德	미덕	아름답고 갸륵한 덕행.	〈德 큰덕〉
美名	미명	그럴듯한 명목.	〈名 이름 명〉
美貌	미모	아름다운 얼굴 모습.	〈貌 모양 모〉

거북 등을 지져 갈라진 금을 보고 점을 치다   (나무 목) (점칠 복)

simple
나무의 성질을 **점쳐** 보면 **순박**하다   (순박할 **박**)

朴素	박소	사람의 손을 대지 않은 그대로임.	〈素 흴 소〉
素朴美	소박미	꾸밈이나 거짓이 없는 수수하고 순박한 아름다움.	〈素 흴 소 / 美 아름다울 미〉
淳朴	순박	꾸밈이 없고 소박함.	〈淳 순박할 순〉
純朴	순박	순진하고 꾸밈이 없음.	〈純 순수할 순〉

return
(포클레인으로) **바위**를 **잡고**(=집게) **반대**로 **뒤집다**   (반대 뒤집을 **반**)

反感	반감	반발하는 마음. 불쾌하게 생각하여 반향하는 감정.
反擊	반격	쳐들어오는 적을 되잡아 공격함.
反騰	반등	하락하던 시세가 다시 등귀함.
反目	반목	서로 못사귀어 미워함.

half
(갈라선 부부가) 집을 **절반**으로 나눈 모양   (반 / 절반 **반**)

半減	반감	절반을 덞.	〈減 덜 감〉
半個	반개	한 개의 절반.	〈個 낱 개〉
半徑	반경	"반지름"의 구용어.	〈徑 지름길 경〉
半導體	반도체	도체와 절연체의 중간 성질을 갖는 물질.	〈導 인도할 도 / 體 몸 체〉

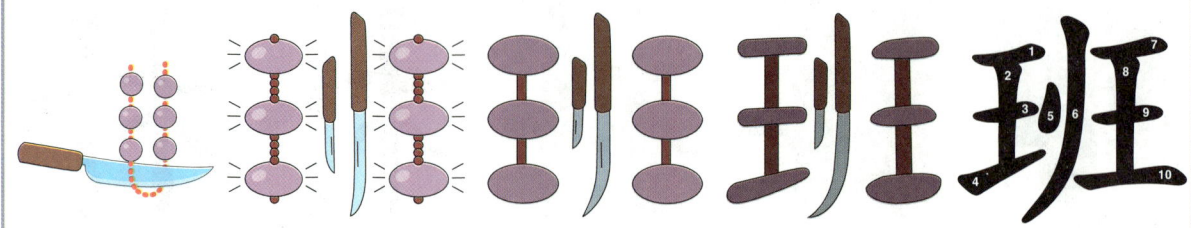

divide		구슬을 칼로 잘라 **나누다**	(나눌 **반**)
班家	반가	양반의 집안.	〈家 집 가〉
班列	반열	신분·등급 및 품계의 차례.	〈列 벌일 열〉
班長	반장	한 반의 우두머리.	〈長 길 장〉
班村	반촌	양반이 많이 사는 마을.	〈村 마을 촌〉

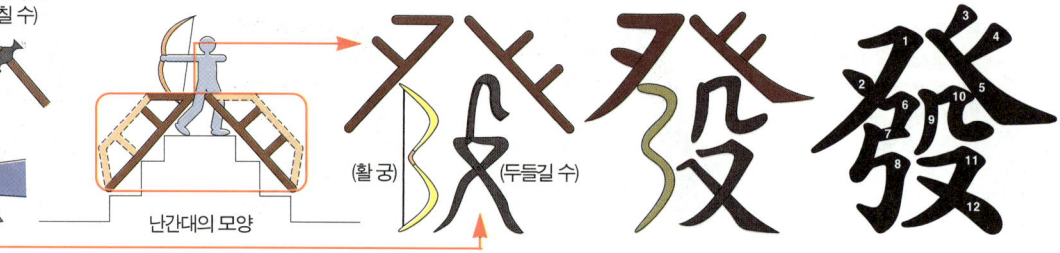

issue		난간에서 **활(화살)**로 과녁을 두들기려고 **쏘다**	(필 / 쏠 **발**)
發着	발착	출발과 도착.	
發表	발표	널리 드러내어 세상에 알림.	
發起	발기	새로운 일을 꾸며내어 일으킴.	
發端	발단	일의 첫머리가 처음으로 일어남.	

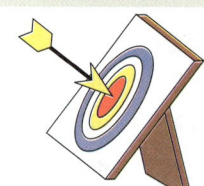

release		쟁기를 사방 두들겨 고치도록 **놓아두다**	(놓을 **방**)
放浪	방랑	정처없이 떠돌아다님.	〈浪 물결 랑〉
放聲	방성	크게 소리를 지름.	〈聲 소리 성〉
放縱	방종	아주 거리낌없이 제 마음대로 행동함.	〈縱 세로 종〉
追放	추방	쫓아냄. 몰아냄.	〈追 쫓을 추〉

number — 티끌과 쌀알을 분별하여 밭에서 차례로 줍다 (차례 번)

番犬	번견	도둑을 지키거나 망을 보는 개.	〈犬 개 견〉
番地	번지	번호를 붙여 나눈 땅.	〈地 따 지〉
番號	번호	차례를 나타내는 호수.	〈號 부를 호〉
當番	당번	번드는 차례에 당함. 또, 그 사람.	〈當 마땅할 당〉

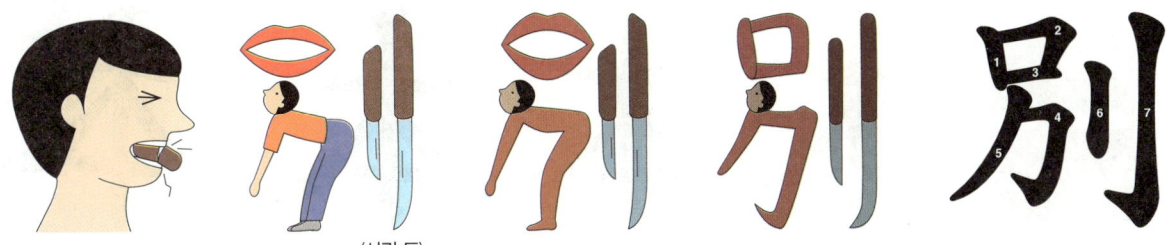

(선칼 도)

part / separate — 입에 물고 사람이 칼로 베듯이 나누다 (나눌 별)

別居	별거	따로 떨어져 삶.	〈居 살 거〉
別途	별도	길을 달리함. 딴 길.	〈途 길 도〉
別離	별리	헤어짐. 이별.	〈離 떠날 리〉
別味	별미	특별히 좋은 맛. 또, 그 음식.	〈味 맛 미〉

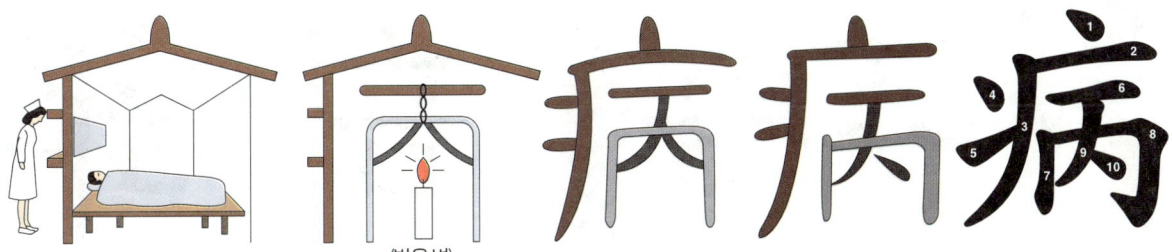

(밝을 병)

disease — 병실에 등을 밝히고 간호할 정도로 병들다 (병들 병)

病苦	병고	병으로 인한 고통.	〈苦 괴로울 고〉
病菌	병균	병의 원인이 되는 균.	〈菌 세균 균〉
病毒	병독	병의 근원이 되는 독기.	〈毒 독할 독〉
病理	병리	병의 원리. 병의 원인, 결과, 변천에 관한 이론.	〈理 다스릴 리〉

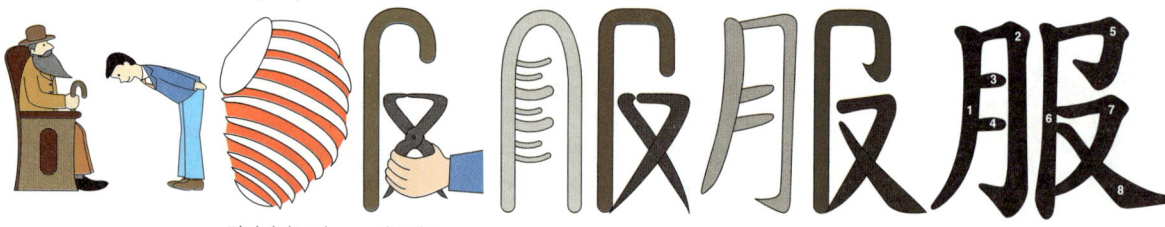

(몸 육)
갈비뼈의 모양　(다스릴 복)

dress　몸을 굽혀 **지팡이를 잡고 다스리는** 자에게 **복종하다**　(옷 / 복종할 **복**)

服量	복량	약을 복용하는 분량.	〈量 헤아릴 량〉
服飾	복식	의복의 꾸밈·표지.	〈飾 꾸밀 식〉
服裝	복장	옷차림.	〈裝 꾸밀 장〉
服從	복종	남의 의사, 명령을 좇음.	〈從 좇을 종〉

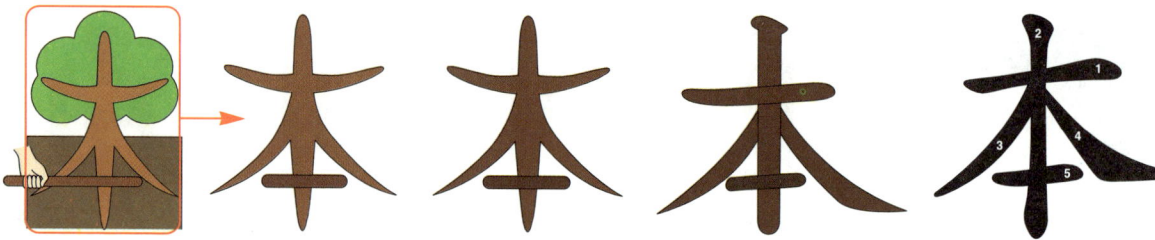

origin　나무의 뿌리를 짚어 보이는 모양. **나무의 뿌리**가 곧 **근본**이다　(근본 / 밑 **본**)

本家	본가	본집. 종가(宗家). 親庭(친정).	〈家 집 가〉
本能	본능	날 때부터 타고난 성능(性能).	〈能 능할 능〉
本來	본래	사물이 전하여 내려오는 그 처음.	〈來 올 래〉
本末	본말	사물의 근본과 말초. 처음과 나중.	〈末 끝 말〉

서서 입으로 다투며 갈라지다　(가를 부)　(가를 부)　(마을 읍)

lead　(나라의 행정구역을) **갈라서 마을** 단위로 **무리를 통솔하다**　(무리 / 통솔할 **부**)

部檢	부검	해부해서 검사함.	〈檢 검사할 검〉
部局	부국	관공서 등에서 사무를 분담하여 다루는 곳.	〈局 판 국〉
部隊	부대	한 단위의 군대.	〈隊 떼 대〉
部署	부서	근무상에 나누어진 부분.	〈署 관청 서〉

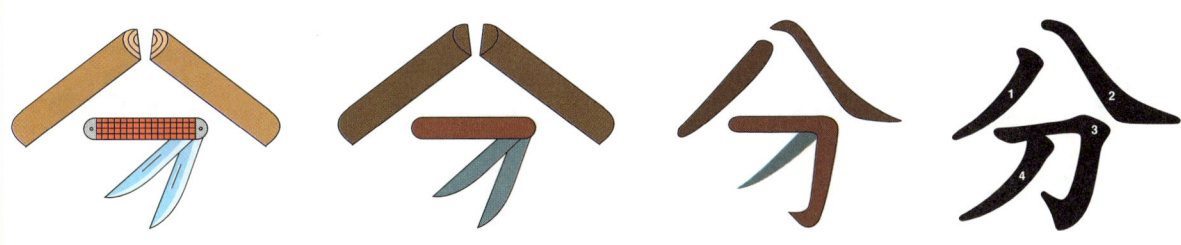

divide   통나무를 칼로 쪼개어 나누다   (나눌 분)

分期	분기	일년을 4분의 1로 구분한 기간.	〈期 기약기〉
分裂	분열	찢어져 갈라짐.	〈裂 찢을열〉
分解	분해	따로따로 나누어 헤침. 또, 헤어짐.	〈解 풀해〉
配分	배분	몫몫이 나누어 줌.	〈配 짝배〉

(젯상 시)   (흙 토)

society   젯상을 차리고 토신(흙의 신)에게 제사지내려고 모이다   (단체/모일 사)

社說	사설	신문, 잡지 따위에서 그 사의 주장으로 게재하는 논설.	〈設 말씀설〉
社是	사시	회사나 결사의 경영상의 방침 또는 주장.	〈是 이시〉
社友	사우	한 회사에서 함께 일하는 동료.	〈友 벗우〉
社稷	사직	한 왕조의 기초. 옛날 천자가 건국하였을 때 제사지내는 토신과 곡신.	〈稷 기장직〉

(관리 리)
손에 깃발을 든 사람이 관리다   (사람 인)   (관리 리)

employ   사람을 관리가 부리다   (하여금/부릴 사)

使徒	사도	예수가 복음을 널리 전하기 위하여 특별히 뽑은 열두제자.	〈徒 무리도〉
使命	사명	부하된 임무. 사자로서 받은 명령.	〈命 목숨명〉
使嗾	사주	남을 부추기어 시킴.	〈嗾 부추길주〉
使者	사자	명령을 받고 심부름하는 사람.	〈者 놈자〉

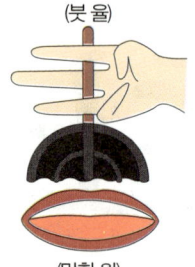
(앙상한 뼈 알) (고꾸라진 사람 인)

die
앙상하게 뼈만 남기고 고꾸라져 사람이 죽다 (죽을 **사**)

死境	사경	죽을 지경.	〈境 지경 경〉
死傷	사상	죽음과 상함.	〈傷 상할 상〉
死地	사지	죽을 곳. 죽는 곳.	〈地 따 지〉
死活	사활	죽음과 삶. 死生(사생).	〈活 살 활〉

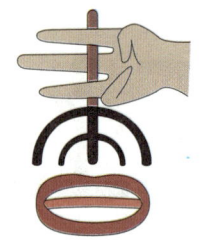
(붓 율)

(말할 왈)

writing
붓으로 말한 바를 적은 것이 글이다 (글 **서**)

書庫	서고	책을 간수하는 집.	〈庫 창고 고〉
書類	서류	글자로 기록한 문서의 총칭.	〈類 무리 류〉
書籍	서적	사람의 사상·감정을 글자·그림으로 기록하여 꿰어맨 것.	〈籍 서적 적〉
淨書	정서	깨끗하게 씀. ⓑ淨寫·淸書	〈淨 깨끗할 정〉

stone
돌(바위)의 모양 (돌 **석**)

石橋	석교	돌다리. 도랑에 놓은 조그마한 다리.	〈橋 다리 교〉
石手	석수	돌을 다루어 물건을 만드는 사람.	〈手 손 수〉
石造	석조	돌로 물건을 만드는 일. 또, 그 물건.	〈造 지을 조〉
石塔	석탑	돌로 쌓은 탑. 돌 탑.	〈塔 탑 탑〉

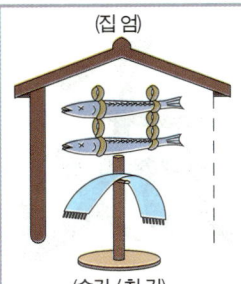

seat 　집 안에 엮은 고기를 놓으려고 천으로 자리를 깔다　(자리 / 깔 석)

席上	석상	여러 사람이 모인 자리. 좌상.	〈上 윗상〉
席長	석장	모인 사람들 중에서 가장 어른이 되는 사람(座長).	〈長 길 장/어른 장〉
席次	석차	자리의 차례.	〈次 버금 차〉
座席	좌석	앉은 자리.	〈座 자리 좌〉

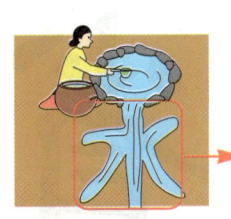   

line 　실을 샘물줄기같이 길게 느려놓은 것이 줄이다　(줄 선)

線路	선로	좁은 길. 細路(세로).	〈路 길 로〉
線紋	선문	선 모양으로 된 무늬. 줄무늬.	〈紋 무늬 문〉
線狀	선상	실같은 줄의 모양.	〈狀 형상 상〉
線形	선형	가늘고 긴 모양.	〈形 형상 형〉

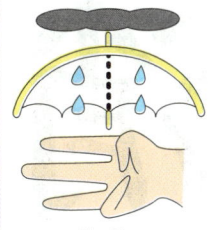   

snow 　비같이 생겨 손으로 잡을 수 있는 것이 눈이다　(눈 설)

雪景	설경	눈이 내리거나 눈이 쌓인 경치.	〈景 볕 경〉
雪上加霜	설상가상	눈 위에 서리를 더함. 환난이 거듭됨. 불행한 일이 겹침.	〈上 윗상/加 더할 가/霜 서리 상〉
雪辱	설욕	부끄러움을 씻음.	〈辱 욕되게 할 욕〉

accomplish
벼슬 자리를 창으로 뺏어 뜻을 이루다 (이룰 성)

成功	성공	목적을 이룸. 목표에 도달함.	〈功 공공〉
成熟	성숙	발육이 다 됨. 열매가 익음.	〈熟 익을숙〉
成就	성취	일을 완성함.	〈就 나아갈취〉
成敗	성패	일의 됨과 아니됨.	〈敗 패할패〉

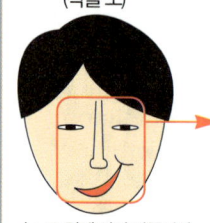 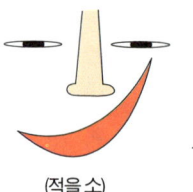  

deliberate
적은 것까지 눈으로 살피다 (살필 성 / 생)

省墓	성묘	조상의 산소를 찾아 살핌.	〈墓 무덤묘〉
省察	성찰	깊이 생각함. 반성.	〈察 살필찰〉
省略	생략	덜어서 줄임. 뺌.	〈略 간략할략〉
省劃	생획	글자의 획을 줄여 씀.	〈劃 그을획〉

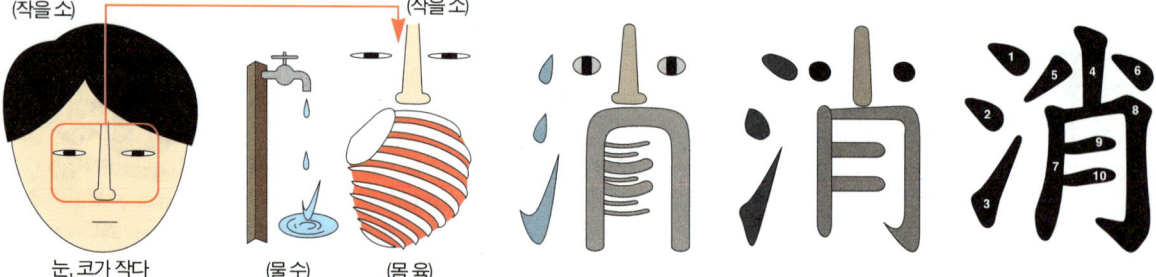

extinguish
물이 더 작은 몸(수증기)가 되어 사라지다 (사라질 소)

消毒	소독	사람에게 해로운 박테리아를 박멸시키는 일.	
消燈	소등	등불을 끔.	
消滅	소멸	사라져 없어짐.	
消息	소식	상황이나 동정을 알리는 보도같은 것.	

fast

(몸을 가뿐하게) **묶고 달리니** 속도가 **빠르다**   (빠를 속)

速記	속기	빨리 적음.
速斷	속단	빨리 판단을 내림.
速度	속도	빠른 정도.
速報	속보	빨리 알림. 또는, 그 보도.

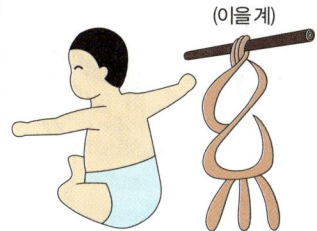

grandson

아들의 대를 **이어**주는 자가 **손자**다   (손자 손)

孫女	손녀	아들의 딸.	〈女 계집 녀〉
孫婦	손부	손자의 아내.	〈婦 며느리 부〉
孫壻	손서	손녀의 남편. 손주 사위.	〈壻 사위 서〉
孫枝	손지	늙은 가지에서 새로 돋은 가지.	〈枝 가지 지〉

tree

나무를 북을 **손**으로 **세우듯** 심다   (세울 / 나무 수)

樹齡	수령	나무의 나이.
樹立	수립	공(功)이나 사업을 세움.
樹木	수목	살아있는 나무.
樹液	수액	나무껍질 등에서 분비하는 액.

 術 術 術

artifice 사거리에 과목을 뿌리가 내리도록 심는 것도 재주다 (재주 술)

術法	술법	괴이한 재주와 법.	〈法 법 법〉
術策	술책	무슨 일을 도모하려는 꾀나 방법.	〈策 꾀 책〉
技術	기술	예능 따위의 재주.	〈技 재주 기〉
醫術	의술	병을 낫게 하는 기술.	〈醫 의원 의〉

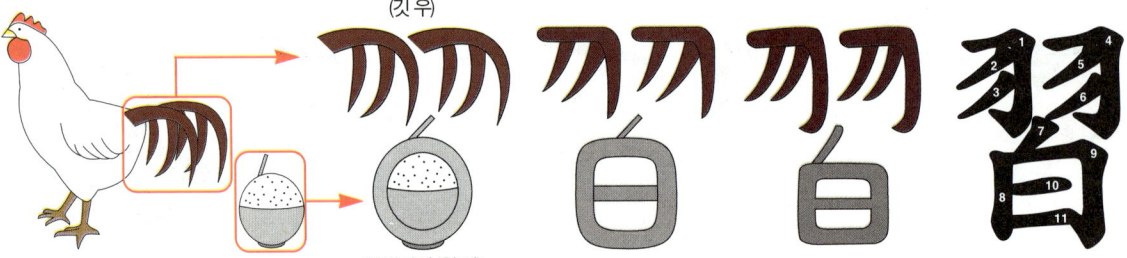

practise 깃이 밥사발같이 흰 병아리가 나는 것을 익히다 (익힐 습)

習慣	습관	버릇. 익혀 온 행습.
習得	습득	배워서 터득함.
習俗	습속	습관된 풍습.
習性	습성	습관과 성질. 버릇.

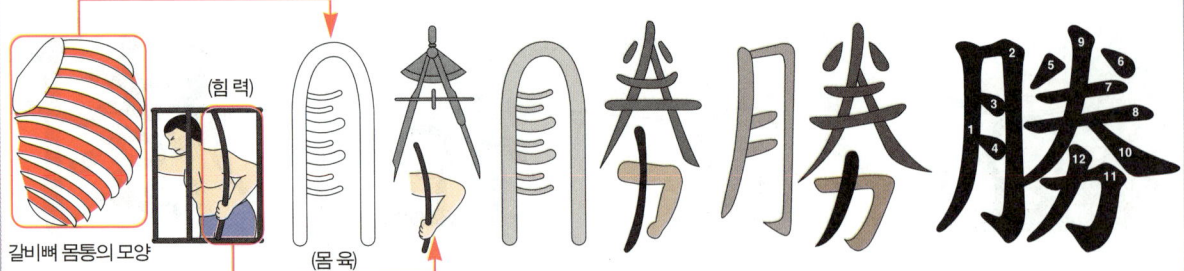

win 몸을 콤파스로 둥글게 그리듯 꺾을 힘이 있는 자가 이긴다 (이길 승)

勝因	승인	이긴 원인.
勝戰	승전	싸움에 이김.
勝地	승지	경치 좋은 이름난 곳.
勝敗	승패	이김과 짐.

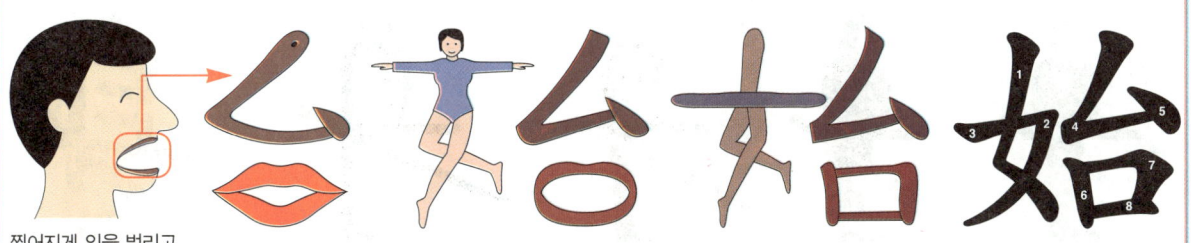

beginning 여자가 가장 **기뻐할** 때가 **비로소** 어미로 **시작할** 때다 (비로소 / 시작할 **시**)

始務	시무	어떤 일을 맡아보기 시작함.	〈務 힘쓸 무〉
始發	시발	맨 처음의 출발이나 발차.	〈發 필 발〉
始作	시작	처음으로 함.	〈作 지을 작〉
始祖	시조	한 겨레의 맨 처음되는 조상.	〈祖 할아비 조〉

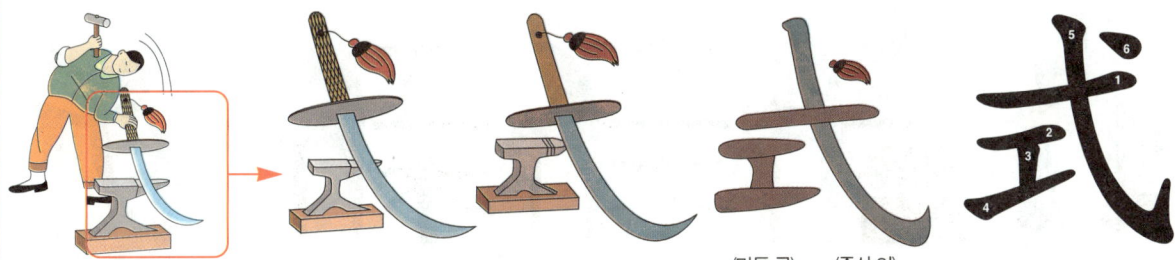

rule **주살**을 **만드는** 데도 **법식**이 있다 (법 **식**)

式順	식순	의식 진행의 순서.	〈順 순할 순〉
式場	식장	의식을 올리는 장소.	〈場 마당 장〉
公式	공식	적당한 절차를 밟은 방식.	〈公 공변될 공〉
樣式	양식	일정한 모양과 형식.	〈樣 모양 양〉

believe **사람**이 한 **말**을 **믿다** (믿을 **신**)

信念	신념	옳다고 굳게 믿고 있는 마음.	〈念 생각 념〉
信徒	신도	종교를 믿는 사람들의 무리.	〈徒 무리 도〉
信賞必罰	신상필벌	공에는 반드시 상 주고, 죄는 반드시 벌함.	〈賞 상줄 상 / 必 반드시 필 / 罰 벌 벌〉
信條	신조	신앙의 箇條(개조).	〈條 가지 조〉

body
갑옷을 입고 창을 든 무사의 **몸**을 본뜬 글자　　　　　(몸 신)

身命	신명	몸과 목숨.	〈命 목숨 명〉
身分	신분	개인의 사회적인 지위.	〈分 신분 분〉
身長	신장	몸의 길이. 키.	〈長 길 장〉
身體髮膚	신체발부	몸과 머리털과 살갗. 온몸.	〈體 몸 체/髮 터럭 발/膚 살갗 부〉

(설립)
(나무 목) (도끼 근)

new
서서 **나무**를 **도끼**로 자르니 **새순** 나오다　　　　　(새 신)

新刊	신간	책을 새로 간행함. 또는 그 책.	〈刊 책펴낼 간〉
新郞	신랑	갓 결혼한 남자. 새 서방.	〈郞 사내/남편 랑〉
新聞	신문	새로운 소식.	〈聞 들을 문〉
新婦	신부	갓 결혼한 색시.	〈婦 아내 부〉

실 감개의 실을 편다　(펼 신)　(보일/제사 시) (펼 신)

god / ghost
제삿상을 펴 놓으니 **귀신**이 오다　　　　　(귀신 신)

神技	신기	신묘한 기술.	〈技 재주 기〉
神靈	신령	죽은 사람의 혼.	〈靈 신령 령〉
神通	신통	모든 일이 신기하게 깊이 통달함.	〈通 통할 통〉
精神	정신	행동·활동을 충동하는 심리적 능력.	〈精 정할/깨끗할 정〉

lose / miss 송곳에 뚫린 것같이 큰 사람이 정신을 잃다 (잃을 실)

失脚	실각	발을 헛디딤. 처지, 지위를 잃음.
失格	실격	격식에 맞지 않음.
失禮	실례	언행이 예의에 벗어남.
失手	실수	잘못해 그르침 또는 그 짓.

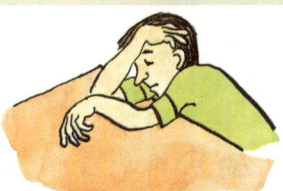

love 손을 덮어씌운 젖가슴 속으로 천천히 넣으며 사랑하다 (사랑 애)

愛撫	애무	사랑하여 어루만짐.
愛惜	애석	사랑하여 아낌.
愛情	애정	사랑하는 마음. 이성간에 연모하는 마음. 戀情(연정).
愛好	애호	사랑하고 좋아함.

 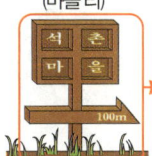  

field 마을 사람들이 창을 들고 곡식을 지키는 곳이 들이다 (들 야)

野談	야담	민간에서 전해 오는 이야기.	〈談 말씀 담〉
野望	야망	큰 포부. 분을 넘는 욕망.	〈望 바랄 망〉
野薄	야박	야멸차고 박정함.	〈薄 가벼울 박〉
野慾	야욕	분에 넘치는 욕망.	〈慾 욕심 욕〉

night
갓 쓴 사람이 저녁 때 지팡이에 의지해 밤길을 가다　　　　(밤 야)

夜景	야경	밤의 경치(景致). 夜色(야색).	〈景 볕 경〉
夜光明月	야광명월	밤에 빛나는 달.	〈光 빛 광 / 明 밝을 명 / 月 달 월〉
夜學	야학	야간학교. 밤에 공부함.	〈學 배울 학〉
夜會	야회	밤에 회합함.	〈會 모을 회〉

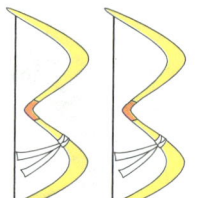

weak
부러져 동여맨 활은 약하다　　　　(약할 약)

弱骨	약골	몸이 약한 사람. 또, 그 골격.	〈骨 뼈 골〉
弱冠	약관	남자의 20세 전후 때.	〈冠 갓 관〉
弱點	약점	캥기는 점. 결점.	〈點 점 점〉
老弱	노약	늙은이와 약한 이.	〈老 늙을 로〉

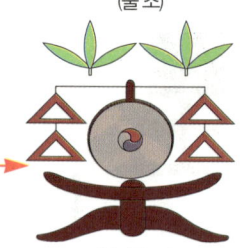

북의 일종인 교방고를 치며 즐거워하다　　(즐거울 락)　　(즐거울 락)　　(풀 초)

medicine
풀로서 병자에게 즐거움을 주는 것이 약(초)이다　　　　(약 약)

藥果	약과	과줄, 감당하기 어렵지 않은 일.
藥理	약리	약품에 의해 일어나는 생리적 변화.
藥草	약초	약용의 초본. 약풀.
藥湯	약탕	병의 치료를 위해 약을 넣어 끓인 물.

ocean
물결이 풀먹는 **양**떼같이 이는 곳이 **큰 바다**다 　　　　　(큰바다 **양**)

洋弓	양궁	서양식 활.	〈弓 활궁〉
洋服	양복	서양식 의복의 통칭.	〈服 옷복〉
洋醫	양의	서양 의학을 배운 의사.	〈醫 의원 의〉
洋裝	양장	서양풍의 의복(여자).	〈裝 옷차림 장〉

sunshine
언덕에 **햇살**이 퍼져 **볕**이 들다 　　　　　(볕 / 양지 **양**)

陽刻	양각	철형(凸形)으로 새김.	〈刻 새길 각〉
陽光	양광	태양의 빛. 따뜻한 햇빛.	〈光 빛 광〉
陽氣	양기	양의 기운. 봄기운.	〈氣 기운 기〉
陽地	양지	볕이 바로 드는 곳.	〈地 땅 지〉

words
수염과 **입**을 들먹이며 **말씀**하다 　　　　　(말씀 **언**)

言論	언론	말이나 글로 자기 사상을 발표하여 논의함.	〈論 의논할 론〉
言語道斷	언어도단	말문이 막힌다는 뜻.	〈語 말씀어 / 道 길 도 / 斷 끊을 단〉
言質	언질	어떤 일을 약속하는 말의 꼬투리.	〈質 바탕 질〉
言爭	언쟁	말다툼.	〈爭 다툴 쟁〉

business 화초 키우는 일을 업으로 삼다 (업 / 직업 업)

業務	업무	직업으로, 또는 맡아서 하는 일.	〈務 힘쓸 무〉
業績	업적	일의 성과. 사업의 성적.	〈績 공적〉
修業	수업	학업이나 기예를 익히어 닦음.	〈修 닦을 수〉
職業	직업	생계를 위해 일상적으로 하는 일.	〈職 벼슬 직〉

flower 풀 포기 가운데 피는 것이 꽃부리다 (영웅 꽃부리 영)

英傑	영걸	뛰어난 인물. 英雄(영웅).
英斷	영단	슬기롭고 용기있는 결단.
英姿	영자	훌륭한 모습.
英才	영재	뛰어난 재능. 재능을 지닌 사람.

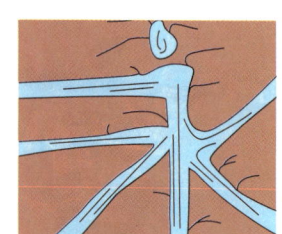

long 여러 갈래의 물이 합쳐져 길게 흐르다 (길 영)

永劫	영겁	매우 긴 시간. 영원한 세월.	〈劫 겁탈할 겁〉
永久長川	영구장천	한없이. 연달아. 늘. 언제나.	〈久 오랠 구 / 長 길 장 / 川 내 천〉
永眠	영면	영원히 잠듦. 곧 죽음.	〈眠 잠잘 면〉
永世	영세	영구한 세대. 무한한 세월.	〈世 인간 세〉

| warm | 물을 **죄수**에게 한 **그릇** 떠 주는 것이 **따뜻한** 인정이다 | (따뜻할 **온**) |

溫度	온도	덥고 찬 정도.	〈度 법도 도〉
溫床	온상	인공적으로 온열을 가하여 식물을 촉성재배장치를 한 묘상.	〈床 평상 상〉
溫順	온순	온화하고 양순함.	〈順 순할 순〉
溫室	온실	난방장치가 된 방.	〈室 집 실〉

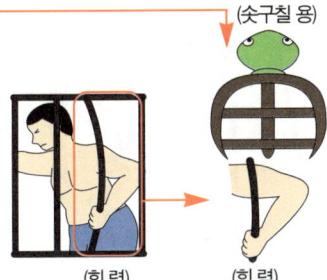

| brave | (거북이가 목을) **솟구치듯 힘**이 나니 **날래다** | (날랠 **용**) |

勇敢	용감	용기가 있어 사물에 임하여 과감함.	〈敢 감히 감〉
勇氣	용기	씩씩한 의기. 사물을 겁내지 않는 기개.	〈氣 기운 기〉
勇斷	용단	용기를 가지고 결단함.	〈斷 끊을 단〉
勇猛	용맹	용감하고 사나움.	〈猛 사나울 맹〉

| use | 거북이가 **등가죽**을 방패삼아 **쓰다** | (쓸 **용**) |

用器	용기	기구를 씀. 또, 그 기구.	〈器 그릇 기〉
用途	용도	쓰이는 자리나 방면.	〈途 길 도〉
用例	용례	전부터 써 오는 실례.	〈例 법식 례〉
公用	공용	공적인 용무나 사무.	〈公 공변될 공〉

turnround 군사들이 달려서 자리를 옮기다 (돌 / 옮길 운)

運動	운동	몸을 놀리어 움직임.	〈動 움직일 동〉
運搬	운반	물건을 나름.	〈搬 운반할 반〉
運身	운신	몸을 움직임.	〈身 몸 신〉
運營	운영	조직 기구 등을 운용하여 경영함.	〈營 경영할 영〉

 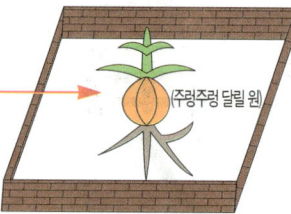   

garden (담장으로) 에워싼 속에 과일이 주렁주렁 달려 있는 곳이 동산이다 (동산 원)

園頭	원두	밭의 수박·호박·참외 등의 총칭.	〈頭 머리 두〉
園林	원림	동산에 있는 숲.	〈林 수풀 림〉
園藝	원예	화훼·과목 등을 재배하는 일.	〈藝 재주 예〉
園丁	원정	정원을 손질하는 일꾼.	〈丁 고무래 정〉

 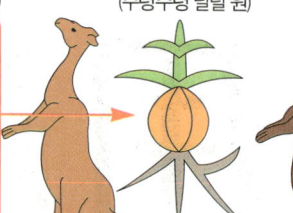 

distant (행장을) 주렁주렁 달고 달려가야 할 만큼 멀다 (멀 원)

遠景	원경	먼 경치.
遠近	원근	멂과 가까움. 이곳저곳. 여기저기.
遠大	원대	뜻이 깊고 큼.
遠征	원정	먼 곳을 정벌함. 원행.

cause
꼭지가 있는 **까닭**에 과일이 달려 있다   (까닭/말미암을 유)

由來	유래	사물의 내력. 본디. 원래.	〈來 올래〉
由緒	유서	사물이 유래한 단서.	〈緒 실마리 서〉
事由	사유	일의 까닭.	〈事 일 사〉
理由	이유	까닭. 事由(사유).	〈理 다스릴 리〉

 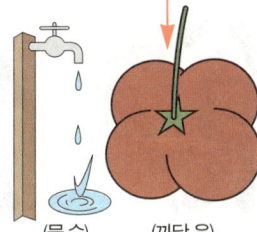

oil
물같은 액체를 짜낸 **까닭**에 **기름**이 있다   (기름 유)

油印物	유인물	등사한 물건. 선전물.	〈印 도장 인 / 物 만물 물〉
油井	유정	원유를 퍼내기 위한 설비. 또, 그 곳.	〈井 우물 정〉
油脂	유지	액체 기름과 고체 기름의 총칭.	〈脂 기름 지〉
豆油	두유	콩에서 짜낸 기름. 콩기름.	〈豆 콩 두〉

silver
금속으로 보배 대열에 **멈추어** 있는 것이 은이다   (은 은)

銀塊	은괴	은의 덩어리.	〈塊 덩어리 괴〉
銀輪	은륜	아름다운 수레.	〈輪 바퀴 륜〉
銀髮	은발	새하얗게 센 머리털. 백발.	〈髮 터럭 발〉
銀河	은하	은하수를 달리 일컫는 말.	〈河 물 하〉

sound   서서 입을 여니 **소리**가 난다   (소리 **음**)

音程	음정	높이가 다른 두 음의 간격.	〈程 길 정〉
音質	음질	음성의 질. 음의 좋고 나쁨.	〈質 바탕 질〉
音癡	음치	어떤 방면에 감각이 둔함. 또, 그 사람.	〈癡 어리석을 치〉
音標	음표	음의 장단 고저를 표시하는 기호. 음부. 소리표.	〈標 표할 표〉

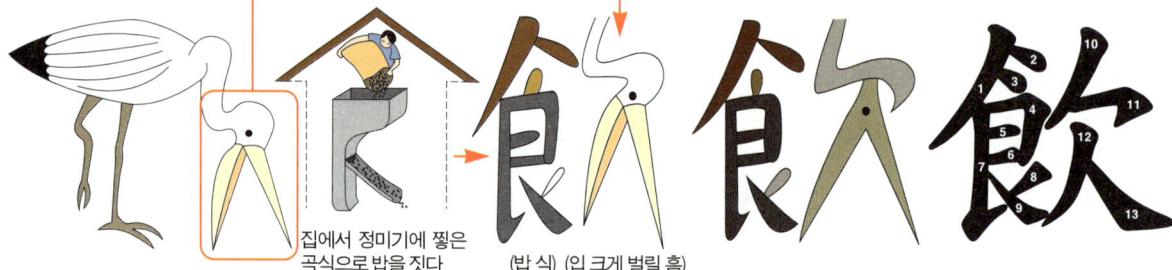

drink   **밥** 먹을 때 처럼 **입**을 크게 벌리고 **마시다**   (마실 **음**)

飮毒	음독	독약을 먹음.
飮樂	음락	술을 마시며 즐거워 함.
飮料	음료	물·술 등 마시는 것의 총칭.
飮食	음식	먹고 마시는 물건. 음식물.

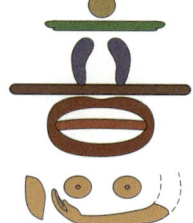

mind / intention   서서 **말**로 **마음** 먹은 바를 나타낸 것이 **뜻**이다   (뜻 **의**)

意見	의견	마음 속에 느낀 생각.	〈見 볼 견〉
意思	의사	마음먹은 생각. 뜻.	〈思 생각 사〉
意義	의의	뜻. 의미. 가치.	〈義 옳을 의〉
意向	의향	마음의 향하는 바.	〈向 향할 향〉

편지가 묶인 화살
(화살 시)(두들길 수)

(술/닭 유)

(약) 医

doctor 푹 파이게 **화살**이 박힌 상처나 **두들겨** 맞은 데를 **술**(알콜)로 소독해 치료하는 자가 **의원**이다 **(의원 의)**

醫療	의료	의술로 병을 고침.	〈療 병고칠 료〉
醫術	의술	병을 고치는 재주.	〈術 재주 술〉
醫藥	의약	의술과 약품.	〈藥 약 약〉
獸醫	수의	가축의 병을 고치는 의사.	〈獸 짐승 수〉

clothing 옷의 모양 **(옷 의)**

衣冠	의관	의복과 갓. 옷차림.	〈冠 갓 관〉
衣類	의류	옷 종류의 총칭. 옷의 종류.	〈類 무리 류〉
衣裳	의상	여자의 겉옷.	〈裳 치마 상〉
衣食住	의식주	옷·음식·집. 인간 생활의 3대 요소.	〈食 밥 식/住 살 주〉

person 늙은이가 밥사발같이 **흰** 수염을 들먹이며 모든 **자**를 **놈**이라고 부르다 **(놈 자)**

仁者	인자	마음이 어진 사람.	〈仁 어질 인〉
前者	전자	지난 번. 두 사실 중 그 앞의 것.	〈前 앞 전〉
走者	주자	달리는 사람.	〈走 달릴 주〉
筆者	필자	글 또는 글씨를 쓴 사람.	〈筆 붓 필〉

yesterday 날(해)가 **잠깐** 사이에 지나간 것이 **어제**다 (어제 **작**)

昨今	작금	어제와 오늘. 요즈음. 근래.	〈今 이제 금〉
昨年	작년	지난 해.	〈年 해 년〉
昨日	작일	어제. 어저께.	〈日 날 일〉
昨朝	작조	어제 아침.	〈朝 아침 조〉

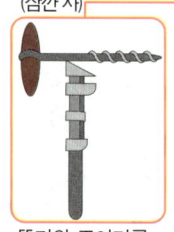

make 사람이 **잠깐** 사에 **작품**을 만들다 (작품 / 만들 **작**)

作家	작가	시가·소설·회화 등 예술품의 제작자.	〈家 집 가〉
作業	작업	일정한 계획과 목표로 일을 함.	〈業 업 업〉
作用	작용	동작하는 힘.	〈用 쓸 용〉
作況	작황	농작물의 잘되고 못된 상황.	〈況 하물며 황〉

sentence 서서 말한 바를 열 개(여러 개) 적은 것이 글이다 (글 **장**)

章句	장구	글의 장(章)과 (句).	〈句 구절 구〉
章程	장정	여러 조목으로 정한 규정.	〈程 법 정〉
詞章	사장	시가(詩歌)와 문장.	〈詞 말 사〉
印章	인장	圖章(도장). 찍어 놓은 도장.	〈印 도장 인〉

talent　　(곡예사가) 그네 위에서 **재주**를 부리는 모양　　(재주 **재**)

才能	재능	재주와 능력.	〈能 능할 능〉
才德	재덕	재주와 덕.	〈德 큰 덕〉
才士	재사	재주가 많은 사내.	〈士 선비 사〉
秀才	수재	재능·학문이 뛰어난 재주.	〈秀 빼어날 수〉

exist　　(조물주가) **재주**부리어 **흙**(지구)이 있다　　(있을 **재**)

在來	재래	전부터 있어 내려옴.	〈來 올 래〉
在野	재야	벼슬길에 오르지 않고 민간에 있음.	〈野 들 야〉
在職	재직	직장에 직을 두고 있음.	〈職 벼슬 직〉
在京	재경	서울에 머물러 있음.	〈京 서울 경〉

war　　돌팔매를 창수레로 막으며 홀로 창과 맞서 **싸움**하다　　(싸움 **전**)

戰士	전사	싸움을 하는 병사.	〈士 선비 사〉
戰傷	전상	전투에서 상처를 입음.	〈傷 상할 상〉
戰術	전술	전쟁의 방법.	〈術 재주 술〉
戰友	전우	같은 부대에서 전투를 같이 하는 동료.	〈友 벗 우〉

(집 엄)
(짊어질 임)
공룡이 걸어가는 모양
(천천히 걸을 인)

garden 집 안으로 짐을 짊어지고 천천히 걸어가는 곳이 뜰이다 **(뜰 정)**

庭園	정원	집 안의 뜰과 꽃밭.	〈園 동산 원〉
庭訓	정훈	가정에서의 가르침.	〈訓 가르칠 훈〉
宮庭	궁정	궁궐 안의 마당.	〈宮 궁궐 궁〉
親庭	친정	시집 간 여자의 본 집.	〈親 어버이 친〉

(집 면)
(발 소)

fix / settle 집에 발(즉 기둥)을 고정시키다 **(고정시킬 / 정할 정)**

定刻	정각	정해진 시각. 일정한 시각.	〈刻 새길 각〉
定規	정규	정해진 규약이나 규칙.	〈規 법 규〉
定員	정원	정해진 인원수.	〈員 인원 원〉
確定	확정	틀림없이 정함.	〈確 확실할 확〉

(대 죽)
활을 맨 아이(아우)

order 대나무에 아우격인 새순이 차례로 생겨나다 **(차례 제)**

第三者	제삼자	직접으로 관계하지 않는 남.	〈三 석 삼 / 者 놈 자〉
第宅	제택	살림집과 정자 등의 총칭.	〈宅 집 택〉
登第	등제	과거에 급제함. ⑪登科	〈登 오를 등〉
鄕第	향제	고향에 있는 집.	〈鄕 시골 향〉

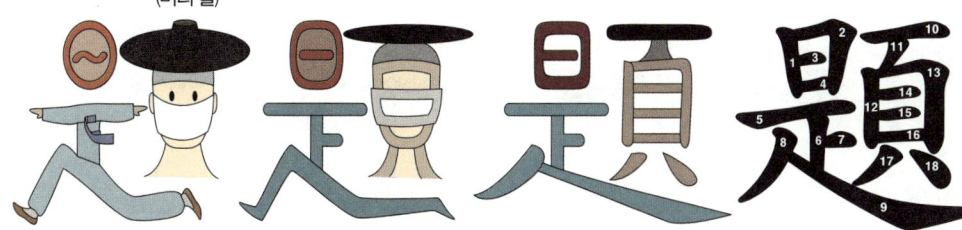

subject   바르게 글의 첫 머리에 내놓은 것이 제목이다   (제목 제)

題名	제명	표제의 이름.	〈名 이름 명〉
題目	제목	겉장에 쓴 책의 이름. 글제.	〈目 눈 목〉
題言	제언	서적, 화폭, 빗돌 등의 위에 적은 글.	〈言 말씀 언〉
副題	부제	서적이나 글의 부표제.	〈副 버금 부〉

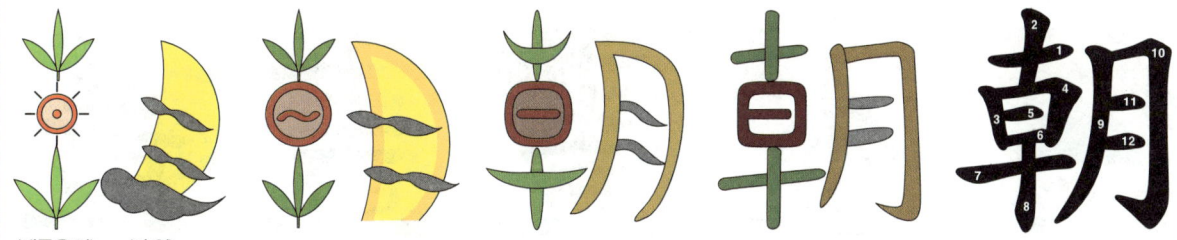

morning   초원에 해가 돋고 달이 서쪽으로 기울 때가 아침이다   (아침 조)

朝刊	조간	일간 신문의 아침판.	〈刊 책펴낼 간〉
朝令	조령	조정의 명령.	〈令 명령할 령〉
朝暮	조모	아침때와 저녁때.	〈暮 저물 모〉
朝飯	조반	아침밥.	〈飯 밥 반〉

people / tribe   깃발 아래 화살같이 많은 겨레가 모이다   (겨레 / 모일 족)

族黨	족당	같은 문중 계통에 속하는 겨레붙이.	〈黨 무리 당〉
族譜	족보	일족의 계보.	〈譜 계보 보〉
族屬	족속	같은 문중의 겨레붙이.	〈屬 붙을 속〉
族長	족장	일족 중 제일 어른이 되는 사람.	〈長 길 장〉

(물 수)　(주인 주)

pour into　　물 주인이 되려고 촛불을 밝히고 물을 대다　　(물 댈 주)

注目	주목	한곳에 주의하여 바라봄.	〈目 눈목〉
注視	주시	눈독을 들여 잘 봄.	〈視 볼시〉
注解	주해	낱말이나 문장등을 알기 쉽게 풀이함.	〈解 풀해〉
傾注	경주	기울여 쏟음.	〈傾 기울일 경〉

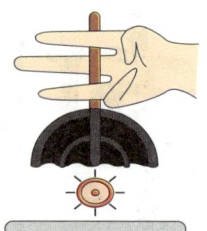  

day time　　붓으로 해를 하나 그린 것이 낮을 뜻한다　　(낮 주)

晝夜	주야	밤낮.	〈夜 밤야〉
晝夜長川	주야장천	밤낮으로 쉬지 않고 잇따라서.	〈夜 밤야 / 長 길장 / 川 내천〉
晝耕夜讀	주경야독	낮에 밭갈고 밤에 공부함.	〈耕 밭갈경 / 夜 밤야 / 讀 읽을독〉
白晝	백주	한낮. 대낮.	〈白 흰백〉

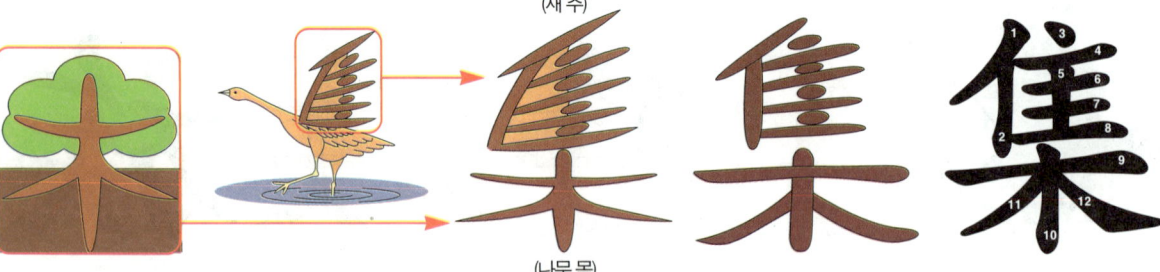

assemble / gather　　새가 나무 위에 모이다　　(모을 / 모일 집)

集結	집결	한군데로 모임. 또는 모음.
集團	집단	모임. 떼. 단체.
集散	집산	모음과 흩음. 모임과 흩음.
集約	집약	한데 모아서 요약함.

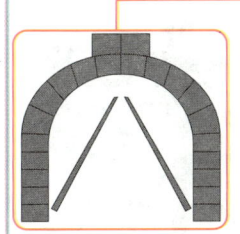 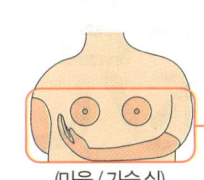 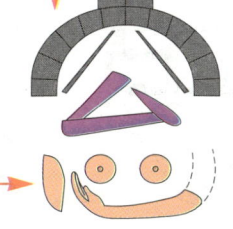  
(굴 혈) (마음/가슴 심)

window   (벽에) **굴**같이 **뚫어 가슴**으로 숨 쉬게 만든 것이 **창**이다   (창 **창**)

窓口	창구	창을 뚫어 놓은 곳.
窓門	창문	공기나 빛이 들어올 수 있도록 벽에 만들어 놓은 작은 문.
窓戶	창호	창과 문의 통칭.
同窓	동창	한 학교에서 공부함.

(푸를 청) (물 수) (푸를 청)

clear   **물**이 **푸르게** 보일 정도로 **맑다**   (맑을 **청**)

淸潔	청결	맑고 깨끗함. 깨끗하여 더러움이 없음.	〈潔 깨끗할 결〉
淸廉	청렴	마음이 깨끗하고 바름.	〈廉 청렴할 렴〉
淸算	청산	상호간에 채무·채권 관계를 정리함.	〈算 셈할 산〉
淸淨	청정	맑고 깨끗함. 사욕·사념이 없음.	〈淨 깨끗할 정〉

(풍성할 풍)

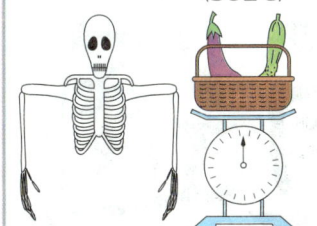 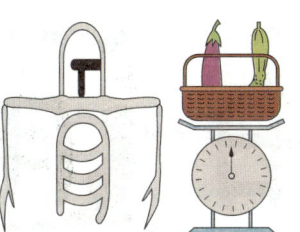  
(뼈 골)   농작물이 풍성한 모양   ㋕ 体

body   **뼈**마디가 **풍성하게** 모여 이루어진 것이 **몸**이다   (몸 **체**)

體軀	체구	몸뚱이.
體能	체능	어느 일을 감당할 만한 몸의 능력.
體積	체적	입체가 차지한 공간 부분의 크기.
體制	체제	일정한 정치원리에 바탕을 둔 국가질서의 전체적 경향.

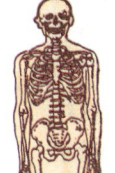

눈으로 사람이 보다　(나무 목)　(볼 견)

related

서서 나무 곁에서 보며 친하다　　　(친할 친)

親睦	친목	서로 친하여 뜻이 맞고 정다움.
親熟	친숙	친하여 서로 허물이 없음. 친하여 익숙함.
親知	친지	썩 가깝게 지내는 사람.
切親	절친	아주 친근함. 매우 친함.

big / great

크고 크니 더욱 크다　　　(클 태)

太古	태고	아주 오랜 옛날.	〈古 옛 고〉
太陽	태양	태양계의 중심을 이루는 발광체로 지구에서 가장 가까운 항성.	〈陽 볕 양〉
太陰	태음	'달'을 지구의 위성으로 일컫는 말.	〈陰 그늘 음〉
太初	태초	천지가 개벽한 처음.	〈初 처음 초〉

거북이가 목을 솟구치는 모양(솟구칠 용)　(달릴 착)

go through

솟구치듯 달려가 통과하다(통하다)　　　(통할 / 통과할 통)

通過	통과	통하여 지나가거나 옴. 패스.	〈過 지날 과〉
通達	통달	막힘이 없이 환히 통함.	〈達 통달할 달〉
通報	통보	통지하여 보고함.	〈報 알릴 보〉
通常	통상	특별하지 않고 예사임.	〈常 항상 상〉

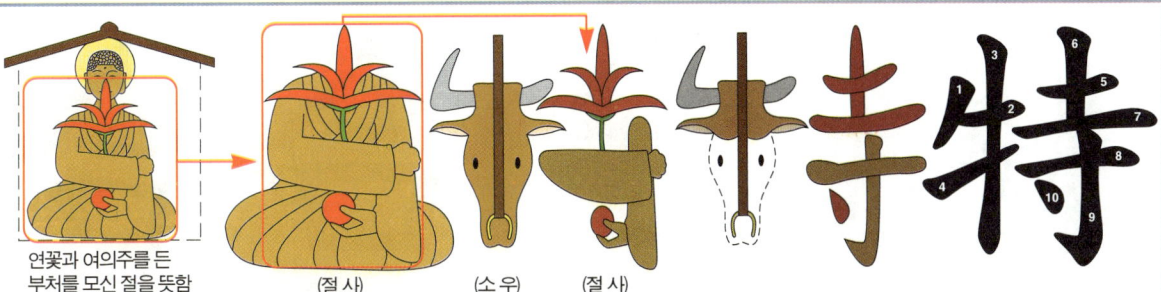

special	소 중에서 절에서 씨받이로 쓰는 놈은 유다르게 크다	(유다를 特)
特別	특별	보통이 아님. 일반과 다름.	〈別 다를 별〉
特有	특유	일정한 사물에만 특별히 있음.	〈有 있을 유〉
特異	특이	보통과 아주 다름. 표나게 다름.	〈異 다를 이〉
特惠	특혜	특별한 혜택.	〈惠 은혜 혜〉

surface	흙옷이 지구의 겉 거죽이다	(거죽 / 겉 表)
表情	표정	마음 속의 감정, 정서를 외모에 드러내 보임.	〈情 뜻 정〉
表彰	표창	남의 아름다운 일을 세상에 드러내어 밝힘.	〈彰 드러낼 창〉
表出	표출	겉으로 나타냄.	〈出 날 출〉
表現	표현	의사나 감정을 드러내어 나타냄.	〈現 나타날 현〉

wind	풍차 앞에 한 마리의 벌레가 바람을 타고 나르는 모양	(바람 風)
風紀	풍기	풍속이나 사회 도덕에 관한 기율.	〈紀 벼리 기〉
風貌	풍모	풍채·용모. 생긴 모습.	〈貌 모양 모〉
風霜	풍상	바람과 서리. 많이 겪은 세상의 고난.	〈霜 서리 상〉
風潮	풍조	세상의 경향. 시대의 흐름.	〈潮 조수 조〉

unite / total 뚜껑을 그릇에 덮어 합하다 (합할 합)

合當	합당	알맞음.	〈當 마땅할 당〉
合理	합리	이치에 합당함.	〈理 다스릴 리〉
合倂	합병	둘 이상을 합쳐 하나로 함.	〈倂 아우를 병〉
結合	결합	서로 합하여 하나가 됨.	〈結 맺을 결〉

fortunate 흙에 앉은 잠자리가 살아 있는 것도 다행한 일이다 (다행 행)

幸福	행복	부족감이 없는 상태. 복된 운수.	〈福 복 복〉
幸運	행운	좋은 운수. 好運(호운).	〈運 운수 운〉
幸姬	행희	치우친 사랑을 받는 여자.	〈姬 계집 희〉
多幸	다행	운수가 좋음. 일이 잘 풀려 좋음.	〈多 많을 다〉

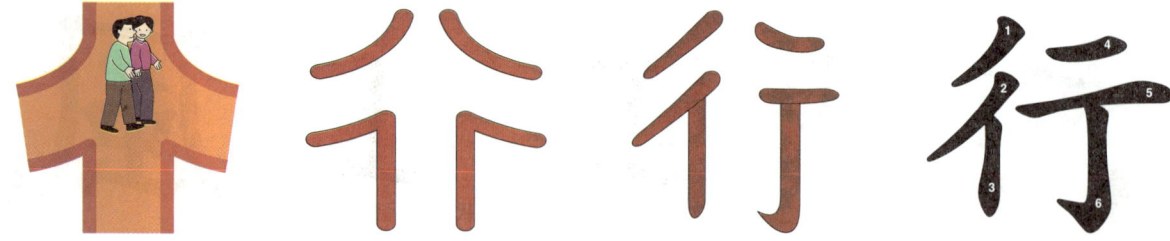

walk / go 사거리 모양. 사거리는 많은 사람이 다니므로 다닐 행자가 됨 (다닐 행)

行軍	행군	군대, 학생 등이 대열을 지어 걸어감.	〈軍 군사 군〉
行動	행동	몸을 움직여 동작함.	〈動 움직일 동〉
行使	행사	부려서 씀.	〈使 하여금 사〉
行爲	행위	사람이 행하는 짓.	〈爲 하 위〉

face
지붕 위에 세운 안테나가 위로 **향하다** (향할 **향**)

向背	향배	좇음과 등짐.	〈背 등배〉
向上	향상	위를 향하여 나아감. 진보.	〈上 윗상〉
向性	향성	굴성(屈性) 특히 양(陽)의 굴성을 말함.	〈性 성품성〉
向進	향진	향하여 나아감.	〈進 나갈진〉

appear
(땅 속에서) **구슬**이 **보이니 나타난** 것이다 (나타날 **현**)

現金	현금	현재 가지고 있는 돈. 맞돈.	〈金 쇠금〉
現象	현상	눈에 보이는 모습. 나타난 상태.	〈象 형상상〉
現在	현재	이제. 지금. 이 세상. 이승.	〈在 있을재〉
現況	현황	현재의 형편. 현재의 상황.	〈況 하물며황〉

shape
평평한 판자에 휘날리는 **머리털**의 **형상**을 그리다 (형상 **형**)

形像	형상	형상화하여 만든 상.	〈像 형상상〉
形成	형성	어떠한 모양을 이룸.	〈成 이룰성〉
形勢	형세	살림살이의 경제적 형편.	〈勢 형세세〉
形而上	형이상	형체를 초월한 것. 형식을 떠난 것.	〈而 말이을이/上 윗상〉

나무 등걸을 박차고 뛰어오르는 범(범 호)　　　　　(약) 号

call out　　입을 **송곳** 길이만큼 벌리고 **범**이 부르짖다　　　　**(부르짖을 호)**

信號	신호	부호, 손짓으로 의사를 통하는 방법.	〈信 믿을 신〉
雅號	아호	예술가들이 쓰는 호.	〈雅 아담할 아〉
號令	호령	지휘하여 명령함.	〈令 명령할 령〉
號外	호외	정한 호수 외에 임시로 발간하는 신문이나 잡지.	〈外 바깥 외〉

(벼 화)　(입 구)

peaceful　　벼를 **입**으로 같이 먹고 사니 화목하다　　**화할 (화목할 화)**

和睦	화목	뜻이 맞고 정다움.	〈睦 화목할 목〉
和色	화색	얼굴에 드러난 환한 빛.	〈色 빛 색〉
和音	화음	가락이 다른 둘 이상의 음이 함께 울리는 소리.	〈音 소리 음〉
和暢	화창	날씨나 마음씨가 부드럽고 맑음.	〈暢 화창할 창〉

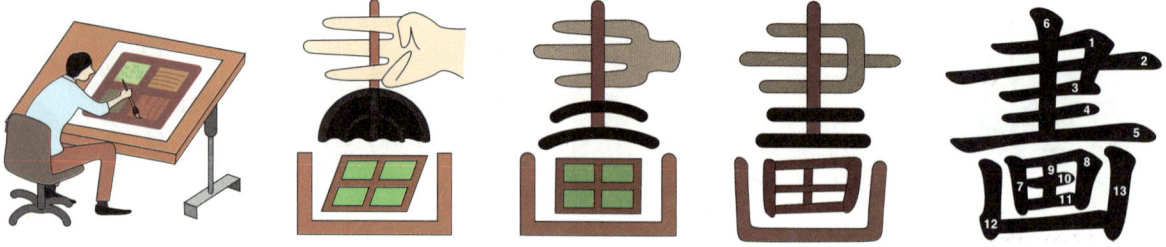

picture　　붓으로 **밭**을 액자에 그려 넣은 것이 **그림**이다　　**(그림 화)**

畫廊	화랑	그림등 미술품을 진열하여 전시하는 곳.	〈廊 행랑 랑〉
畫面	화면	그림의 표면.	〈面 낯 면〉
畫伯	화백	화가의 경칭.	〈佰 맏 백〉
畫像	화상	얼굴. 사람의 얼굴을 그림으로 그린 형상.	〈像 형상 상〉

yellow 시들은 풀과 황이 묶인 불화살은 누런색이다 (누를 황)

黃金	황금	금. 금전. 돈.	〈金 쇠금〉
黃銅	황동	동과 아연과의 합금의 총칭.	〈銅 구리동〉
黃毛	황모	쪽제비의 꼬리털.	〈毛 털모〉
黃牛	황우	황소.	〈牛 소우〉

meet 집 안에서 입을 모아서 회의를 하다 (모을 회)

會期	회기	회의하는 시기.	〈期 기약기〉
會談	회담	한자리에 모여 얘기함.	〈談 말씀담〉
會社	회사	상행위 기타의 영리를 목적으로 설립된 사단 법인.	〈社 모일사〉
會話	회화	서로 만나서 얘기함.	〈話 이야기화〉

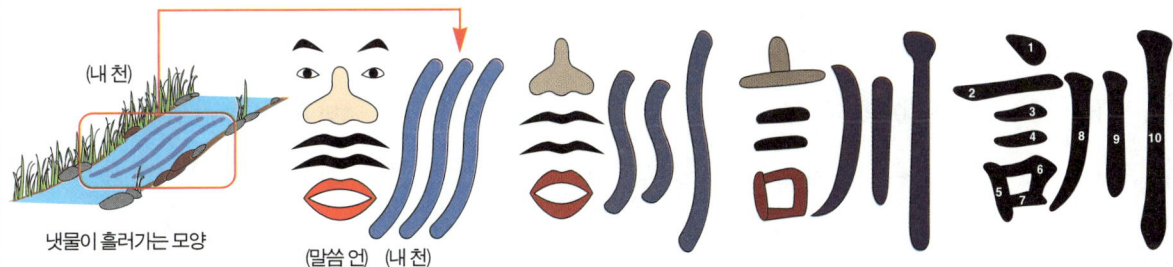

instruct 말을 냇물이 흐르듯 해가며 가르치다 (가르칠 훈)

訓告	훈고	훈계하여 타이름.	〈告 알릴 고〉
訓民	훈민	백성을 가르침. 예)訓民正音.	〈民 백성 민〉
訓示	훈시	가르쳐 보임. 예)校長訓示.	〈示 보일 시〉
訓育	훈육	가르쳐 기름. 예)訓育主任.	〈育 기를 육〉

한자 능력 검정 5급 배정 한자 200자
(하위 급수 포함 500자)

價	값 **가**	亻(사람인변)부 13획 ⑮
可	옳을 **가**	口(입구)부 2획 ⑤
加	더할 **가**	力(힘력)부 3획 ⑤
改	고칠 **개**	攴(攵)(등글월문)부 3획 ⑦
客	손 **객**	宀(갓머리)부 6획 ⑨
擧	들 **거**	手(扌)(손수)부 14획 ⑱
去	갈 **거**	厶(마늘모)부 3획 ⑤
建	세울 **건**	廴(민책받침)부 6획 ⑨
件	일/것 **건**	亻(사람인변)부 4획 ⑥
健	굳셀/건강할 **건**	亻(사람인변)부 9획 ⑪
格	이를 **격**/가지 **각**	木(나무목)부 6획 ⑩
見	볼 **견**/뵐 **현**	見(볼견)부 0획 ⑦
決	정할/결단할 **결**	氵(삼수변)부 4획 ⑦
結	맺을 **결**	糸(실사)부 6획 ⑫
敬	공경할 **경**	攴(攵)(등글월문)부 9획 ⑬
景	빛/별 **경**/그림자 **영**	日(날일)부 8획 ⑫
輕	가벼울 **경**	車(수레거)부 7획 ⑭
競	다툴 **경**	立(설립)부 15획 ⑳
告	알릴 **고**/청할 **곡**	口(입구)부 4획 ⑦
考	상고할 **고**	耂(늙을로엄)부 2획 ⑥
固	굳을 **고**	囗(큰입구몸)부 5획 ⑧
曲	굽을 **곡**	曰(가로왈)부 2획 ⑥
課	과목/매길 **과**	言(말씀언)부 8획 ⑮
過	지날 **과**	辵(辶)(책받침)부 9획 ⑬
關	관계할/빗장 **관**	門(문문)부 11획 ⑲
觀	볼 **관**	見(볼견)부 18획 ㉕
廣	넓을 **광**	广(엄호엄)부 12획 ⑮
橋	다리 **교**	木(나무목)부 12획 ⑯
舊	옛 **구**	臼(절구구)부 12획 ⑱
具	갖출 **구**	八(여덟팔)부 6획 ⑧
救	구원할 **구**	攴(攵)(등글월문)부 7획 ⑪
局	판 **국**	尸(주검시)부 4획 ⑦
貴	귀할 **귀**	貝(조개패)부 5획 ⑫
規	법 **규**	見(볼견)부 4획 ⑪
給	줄 **급**	糸(실사)부 6획 ⑫
己	몸 **기**	己(몸기)부 0획 ③
基	터 **기**	土(흙토)부 8획 ⑪
技	재주 **기**	扌(재방변)부 4획 ⑦
汽	김 **기**	氵(삼수변)부 4획 ⑦
期	기약할/때 **기**	月(육달월)부 8획 ⑫
吉	길할 **길**	口(입구)부 3획 ⑥
念	생각 **념**	心(마음심)부 4획 ⑧
能	능할 **능**	肉(月)(육달월)부 6획 ⑩
團	둥글 **단**	囗(큰입구몸)부 11획 ⑭
壇	제터 **단**	土(흙토)부 13획 ⑯
談	말씀 **담**	言(말씀언)부 8획 ⑮
當	마땅할/저당 **당**	田(밭전)부 8획 ⑬
德	큰 **덕**	彳(두인변)부 12획 ⑮
到	이를 **도**	刂(선칼도방)부 6획 ⑧
島	섬 **도**	山(메산)부 7획 ⑩

都	도읍	도	阝(우부방)부 9획 ⑫	福	복	복	示(보일시변)부 9획 ⑭
獨	홀로	독	犬(犭)(개사슴록변)부 13획 ⑯	奉	받들	봉	大(큰대)부 5획 ⑧
落	떨어질	락	艹(초두)부 9획 ⑬	比	견줄	비	比(견줄비)부 0획 ④
朗	밝을	랑	月(달월)부 7획 ⑪	鼻	코	비	鼻(코비)부 0획 ⑭
冷	찰	랭	冫(이수변)부 5획 ⑦	費	소비할	비	貝(조개패)부 5획 ⑫
良	어질	량	艮(머무를간)부 1획 ⑦	氷	얼음	빙	水(물수)부 1획 ⑤
量	양/헤아릴	량	里(마을리)부 5획 ⑫	仕	벼슬	사	亻(사람인변)부 3획 ⑤
旅	나그네	려	方(모방)부 6획 ⑩	士	선비	사	士(선비사)부 0획 ③
歷	지낼	력	止(그칠지)부 12획 ⑯	史	역사	사	口(입구)부 2획 ⑤
練	익힐	련	糸(실사)부 9획 ⑮	思	생각할/생각	사	心(마음심)부 5획 ⑨
領	거느릴/옷깃	령	頁(머리혈)부 5획 ⑭	寫	베낄	사	宀(갓머리)부 12획 ⑮
令	명령할	령	人(사람인)부 3획 ⑤	査	사실할/조사할	사	木(나무목)부 5획 ⑨
勞	수고로울	로	力(힘력)부 10획 ⑫	産	낳을	산	生(날생)부 6획 ⑪
料	헤아릴	료	斗(말두)부 6획 ⑩	相	서로	상	目(눈목)부 4획 ⑨
類	무리	류	頁(머리혈)부 10획 ⑲	商	장사/헤아릴	상	口(입구)부 8획 ⑪
流	흐를	류	氵(삼수변)부 7획 ⑩	賞	상줄	상	貝(조개패)부 8획 ⑮
陸	뭍	륙	阝(좌부방)부 8획 ⑪	序	차례	서	广(엄호엄)부 4획 ⑦
馬	말	마	馬(말마)부 0획 ⑩	仙	신선	선	亻(사람인변)부 3획 ⑤
末	끝	말	木(나무목)부 1획 ⑤	鮮	고울	선	魚(물고기어)부 6획 ⑰
望	바랄	망	月(육달월)부 7획 ⑪	善	착할/좋게 여길	선	口(입구)부 9획 ⑫
亡	망할	망/없을 무	亠(돼지해머리)부 1획 ③	船	배	선	舟(배주)부 5획 ⑪
賣	팔	매	貝(조개패)부 5획 ⑮	選	가릴	선	辶(辶)(책받침)부 12획 ⑯
買	살	매	貝(조개패)부 5획 ⑫	說	말씀 설/기쁠 열/달랠 세		言(말씀언)부 7획 ⑭
無	없을	무	灬(연화발)부 8획 ⑫	性	성품	성	心(忄)(심방변)부 5획 ⑧
倍	곱	배	亻(사람인변)부 8획 ⑩	歲	해	세	止(그칠지)부 9획 ⑬
法	법	법	氵(삼수변)부 5획 ⑧	洗	씻을	세	氵(삼수변)부 6획 ⑨
變	변할/바를	변	言(말씀언)부 16획 ㉓	束	묶을	속	木(나무목)부 3획 ⑦
兵	군사	병	八(여덟팔)부 5획 ⑦				

首	머리 **수**	首(머리수)부 0획 ⑨		雄	수컷 **웅**	隹(새추)부 4획 ⑫
宿	잘 **숙** / 별자리 **수**	宀(갓머리)부 8획 ⑪		元	으뜸 / 성 **원**	儿(어진사람인발)부 2획 ④
順	순할 **순**	頁(머리혈)부 3획 ⑫		願	원할 **원**	頁(머리혈)부 10획 ⑲
示	보일 **시**	示(보일시)부 0획 ⑤		原	근원 **원**	厂(민엄호엄)부 8획 ⑩
識	알 **식** / 기록할 **지** / 깃발 **치**	言(말씀언)부 12획 ⑲		阮	집 **원**	阝(좌부방)부 7획 ⑩
臣	신하 **신**	臣(신하신)부 0획 ⑥		偉	거룩할 **위**	亻(사람인변)부 9획 ⑪
實	열매 **실** / 이를 **지**	宀(갓머리)부 11획 ⑭		位	자리 **위**	亻(사람인변)부 5획 ⑦
兒	아이 **아**	儿(어진사람인발)부 6획 ⑧		以	써 **이**	人(사람인)부 3획 ⑤
惡	악할 **악** / 미워할 **오**	心(마음심)부 8획 ⑫		耳	귀 **이**	耳(귀이)부 0획 ⑥
案	책상 **안**	木(나무목)부 6획 ⑩		因	인할 **인**	囗(에운담몸/큰입구몸)부 3획 ⑥
約	묶을 / 약속할 **약** · 부절 **요**	糸(실사)부 3획 ⑨		任	맡길 **임**	亻(사람인변)부 4획 ⑥
養	기를 **양**	食(밥식)부 6획 ⑮		財	재물 **재**	貝(조개패)부 3획 ⑩
魚	물고기 **어**	魚(물고기어)부 0획 ⑪		材	재목 **재**	木(나무목)부 3획 ⑦
漁	고기잡을 **어**	氵(삼수변)부 11획 ⑭		災	재앙 **재**	火(불화)부 3획 ⑦
億	억 **억**	亻(사람인변)부 13획 ⑮		再	두 **재**	冂(멀경몸)부 4획 ⑥
熱	더울 **열**	火(灬)(연화발)부 11획 ⑮		爭	다툴 **쟁**	爪(손톱조)부 4획 ⑧
葉	잎 **엽** / 성 **섭**	艹(초두)부 9획 ⑬		貯	쌓을 **저**	貝(조개패)부 5획 ⑫
屋	집 **옥**	尸(주검시)부 6획 ⑨		的	과녁 / 적실할 **적**	白(흰백)부 3획 ⑧
完	완전할 **완**	宀(갓머리)부 4획 ⑦		赤	붉을 **적**	赤(붉을적)부 0획 ⑦
要	중요할 / 구할 **요**	襾(덮을아)부 3획 ⑨		典	법 **전**	八(여덟팔)부 6획 ⑧
曜	빛날 **요**	日(날일)부 14획 ⑱		傳	전할 **전**	亻(사람인변)부 11획 ⑬
浴	목욕할 **욕**	氵(삼수변)부 7획 ⑩		展	펼 **전**	尸(주검시)부 7획 ⑩
雨	비 **우**	雨(비우)부 0획 ⑧		節	마디 **절**	竹(대죽)부 9획 ⑮
友	벗 **우**	又(또우)부 2획 ④		切	끊을 **절** / 모두 **체**	刀(칼도)부 2획 ④
牛	소 **우**	牛(소우)부 0획 ④		店	가게 **점**	广(엄호엄)부 5획 ⑧
雲	구름 **운**	雨(비우)부 4획 ⑫		情	뜻 **정**	忄(심방변)부 8획 ⑪
				停	머무를 **정**	亻(사람인변)부 9획 ⑪
				調	고를 **조** / 아침 **주**	言(말씀언)부 8획 ⑮

操	잡을 **조**	扌(재방변)부 13획 ⑯
卒	군사/마칠 **졸**	十(열십)부 6획 ⑧
種	씨 **종**	禾(벼화)부 9획 ⑭
終	끝날/마칠 **종**	糸(실사)부 5획 ⑪
罪	허물 **죄**	网(罒)(그물망머리)부 8획 ⑬
週	두를/주일 **주**	辶(책받침)부 8획 ⑫
州	고을 **주**	巛(川)(개미허리)부 3획 ⑥
知	알 **지**	矢(화살시)부 3획 ⑧
止	그칠 **지**	止(그칠지)부 0획 ④
質	바탕/볼모 **질**·폐백 **지**	貝(조개패)부 8획 ⑮
着	붙을 **착**	目(눈목)부 7획 ⑫
參	참여할 **참**·빽빽할/별이름 **삼**	厶(마늘모)부 9획 ⑪
唱	노래/부를 **창**	口(입구)부 8획 ⑪
責	꾸짖을 **책**/빚 **채**	貝(조개패)부 4획 ⑪
鐵	쇠 **철**	金(쇠금)부 13획 ㉑
初	처음 **초**	刀(칼도)부 5획 ⑦
最	가장 **최**	日(가로왈)부 8획 ⑫
祝	빌 **축**	示(보일시)부 5획 ⑩
充	찰/가득할 **충**	儿(어진사람인발)부 4획 ⑥
致	이를 **치**	至(이를지)부 4획 ⑩
則	곧 **즉**/법 **칙**	刂(선칼도)부 7획 ⑨
打	칠 **타**	扌(재방변)부 2획 ⑤
他	다를 **타**	亻(사람인변)부 3획 ⑤
卓	높을 **탁**	十(열십)부 6획 ⑧
炭	숯 **탄**	火(불화)부 5획 ⑨
宅	집 **택**/댁 **댁**	宀(갓머리)부 3획 ⑥
板	널빤지 **판**	木(나무목)부 4획 ⑧
敗	패할 **패**	攵(등글월문)부 7획 ⑪
品	품수/물건 **품**	口(입구)부 6획 ⑨
必	반드시 **필**	心(마음심)부 1획 ⑤
筆	붓 **필**	竹(대죽)부 6획 ⑫
河	물 **하**	氵(삼수변)부 5획 ⑧
寒	찰 **한**	宀(갓머리)부 9획 ⑫
害	해칠 **해**/어찌 **할**	宀(갓머리)부 7획 ⑩
許	허락할 **허**/어영차 **호**	言(말씀언)부 4획 ⑪
湖	호수 **호**	氵(삼수변)부 9획 ⑫
化	화할/변화할 **화**	匕(비수비)부 2획 ④
患	근심 **환**	心(마음심)부 7획 ⑪
效	본받을 **효**	攵(등글월문)부 6획 ⑩
凶	흉할 **흉**	凵(입벌릴감/위튼입구)부 2획 ④
黑	검을 **흑**	黑(검을흑)부 0획 ⑫

價 價 價 價 價
(사람 인) (돈궤 패) 〔약〕価

price
사람이 지닌 **가방**과 **돈궤**는 **값**진 것이다 (값 가)

價格	가격	화폐로써 나타낸 상품의 교환 가치.	〈格 격식 격〉
價値	가치	값. 가격. 사물의 유용성(有用性)의 정도나 중요성의 정도.	〈値 값 치〉
減價	감가	값을 감함.	〈減 덜 감〉
定價	정가	주식이나 주권의 값. 정해진 값.	〈定 정할 정〉

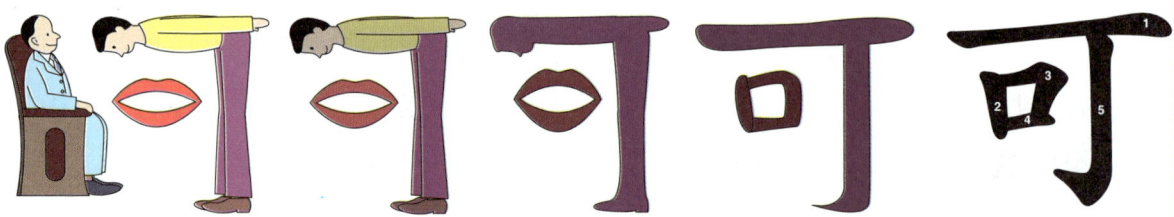

right
몸을 굽혀 입으로 '**옳습니다**' 하다 (옳을 가)

可決	가결	의안을 옳다고 결정함. ㉠否決	〈決 정할 결〉
可望	가망	될 만한 희망. ㉠絶望	〈望 바랄 망〉
可否	가부	옳고 그름. ㉠可否決定	〈否 아니 부〉
許可	허가	허락함. ㉠不許 ㉡許可狀	〈許 허락할 허〉

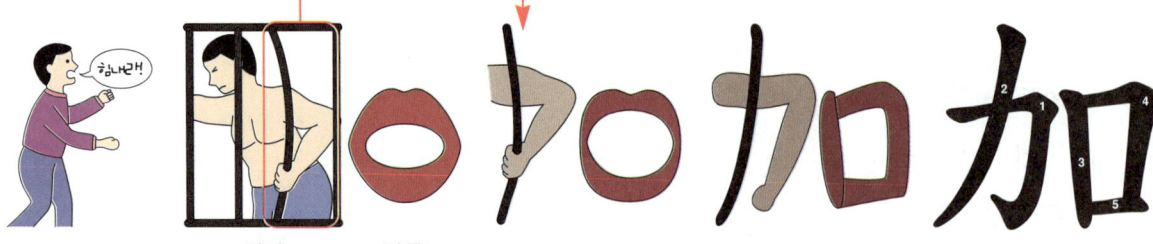
(힘 력) (입 구)

add
힘을 내라고 **입**으로 응원하며 사기를 **더하다** (더할 가)

加盟	가맹	동맹이나 연맹에 가입함. ㉡加盟國	〈盟 맹세할 맹〉
加入	가입	단체에 성원으로 들어감.	〈入 들 입〉
加護	가호	돌보아 보호해 줌.	〈護 보호할 호〉
參加	참가	어떠한 모임이나 단체에 참여함.	〈參 참여할 참〉

reform   몸을 쳐서(매질하여) 잘못을 고치다   (고칠 개)

改良	개량	좋도록 고침.	〈良 어질 량〉
改善	개선	나쁜 점을 고쳐 좋게 함. 반개악(改惡)	〈善 착할 선〉
改訂	개정	고치어 정정함.	〈訂 고칠 정〉
改革	개혁	바꿈. 새롭게 뜯어 고침.	〈革 가죽 혁〉

guest   (여관)집에 각각 찾아온 이가 손님이다   (손 객)

客舍	객사	객지에서 묵는 집. 여관.	〈舍 집 사〉
客室	객실	손님을 접대하는 방. 예客室數	〈室 집 실〉
客車	객차	손님을 태우는 열차.	〈車 수레 차〉
客體	객체	주체에 대하여 작용의 대상이 되는 쪽.	〈體 몸 체〉

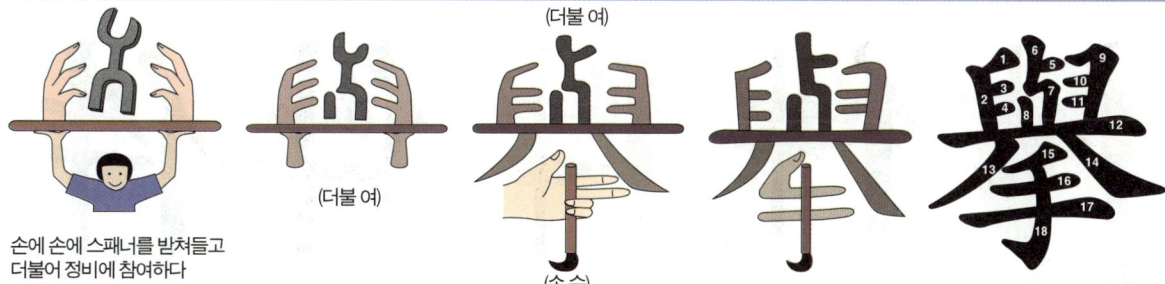

hold / raise   (양팔을) 더불어 모으고 손으로 들다   (들 거)

舉動	거동	일어나 서서 움직이는 태도.	
舉手	거수	손을 위로 듦. 예舉手敬禮	
選擧	선거	적당한 사람을 골라서 뽑아냄.	
列擧	열거	여러 가지를 들어 말함.	

去 去 去 去

go away   탱크가 **가는** 모양   (갈 **거**)

去留	거류	떠남과 머무름. 일이 되고 안 됨. 죽음과 삶.	〈留 머무를 류〉
去就	거취	일신(一身)의 진퇴.	〈就 나아갈 취〉
過去	과거	지나간 때.	〈過 지날 과〉
除去	제거	털어내어 떨어버림.	〈除 덜 제〉

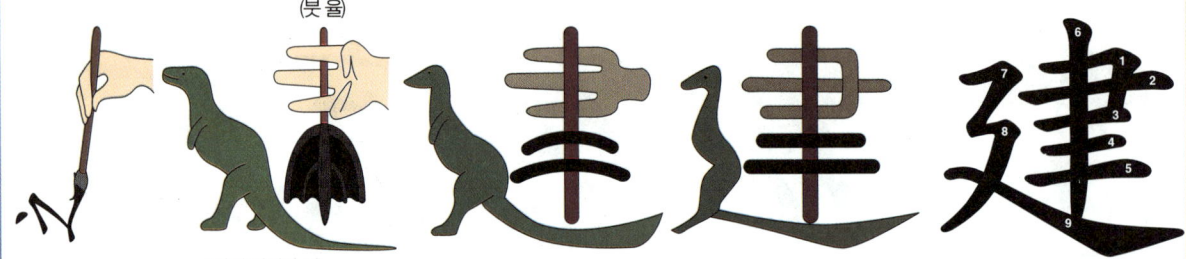

build   **붓**으로 써 **갈** 때는 붓대를 **세우게** 된다   (세울 **건**)

建功	건공	나라를 위하여 공을 세움.	〈功 공 공〉
建設	건설	새로 세워 만듦. 悲破壞	〈設 베풀 설〉
封建	봉건	토지를 나눠주고 제후를 세우던 일.	〈封 봉할 봉〉
再建	재건	허물어진 것을 다시 일으킴.	〈再 두 재〉

thing / article   (옛날에는 사람에게 소가 제일 가는 재산이었음) **사람**에게 **소**는 제일 가는 **물건**이다   (물건 / 일 **건**)

件名	건명	일이나 사건의 이름. 예)事件名	〈名 이름 명〉
事件	사건	뜻밖에 일어난 일. 예)强盜事件	〈事 일 사〉
要件	요건	필요한 조건. 예)工事要件	〈要 중요할 요〉
條件	조건	제한하여 붙이는 제목. 예)契約條件	〈條 가지 조〉

(세울 건)

붓으로 써 갈 때는 붓대를 세우게 된다.

(사람 인) (세울 건)

healthy

(늙은) **사람**이 몸을 곧게 **세우고** 다니니 건강하다(굳세다)

(굳셀 / 건강할 **건**)

健忘	건망	듣거나 본 것을 잘 잊어버림. 잊기 쉬움. 건망증.	〈忘 잊을 망〉
健兒	건아	혈기가 왕성한 사나이. 용감한 남아.	〈兒 아이 아〉
健全	건전	튼튼하고 온전함. 건강하고 병이 없음.	〈全 온전할 전〉
健鬪	건투	용감하게 잘 싸움. 씩씩하게 잘 싸움.	〈鬪 싸움 투〉

천천히 걸어서 장애물을 각각 넘다

(각각 각)

(나무 목)

(각각 각)

straighten

나무가 장애물을 **각각** 피해 **뻗어가다**

(이를 / 나무뻗을 **격**)

格式	격식	격에 맞는 일정한 방식.	〈式 법 식〉
格言	격언	사리에 맞아 교훈이 될 만한 짧은 말.	〈言 말씀 언〉
格調	격조	시가의 체제와 가락.	〈調 고를 조〉
合格	합격	시험에 급제함. 예)大學合格	〈格 합할 합〉

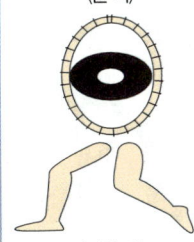

(눈 목)

(사람 인)

see

눈으로 **사람**이 본다는 뜻

(볼 **견** / 뵐 **현**)

見聞	견문	보고 들음. 또, 그 지식.	〈聞 들을 문〉
見解	견해	의견과 해석.	〈解 풀 해〉
謁見	알현	지체 높은 사람을 만나 뵙는 일.	〈謁 아뢸 알〉
意見	의견	마음에 느낀 바 생각.	〈意 뜻 의〉

5級 121

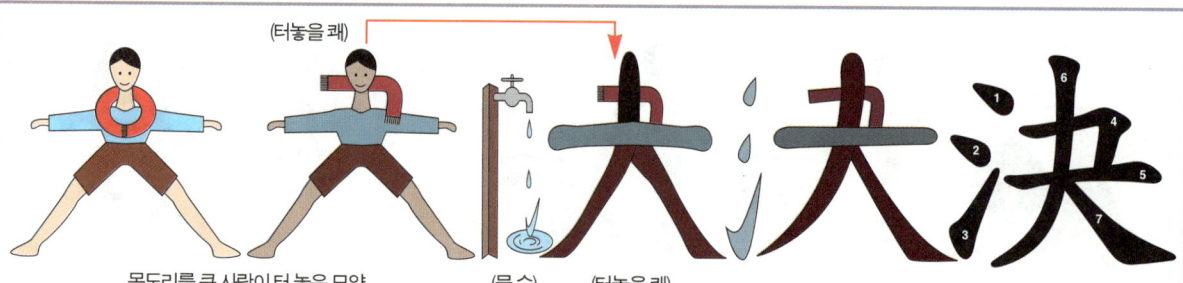

목도리를 큰 사람이 터 놓은 모양　(물 수)　(터놓을 쾌)

break　물을 터놓아 둑을 끊으려고 결단하다　끊을 (결단할) **결**

決死	결사	죽음을 각오함.
決議	결의	의안의 가부를 결정함.
決裁	결재	장이 부하가 올린 안건을 검토 승인함.
判決	판결	시비 선악을 가리어 결정하는 일.

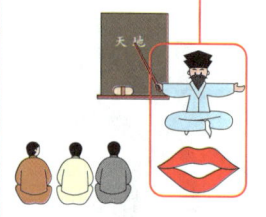  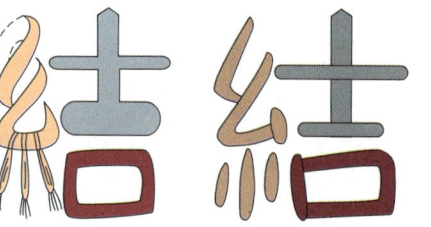

선비가 입으로 옳고 길한 소리만 한다　(실 사)　(길할 길)

tie　(청홍색의) 실을 느리고 길한 날을 잡아 인연을 맺다　(맺을 **결**)

結果	결과	어떤 일의 결말 상태. 예)結果報告
結團	결단	단체를 결성함.
結實	결실	① 일이 잘 맺어짐. ② 열매를 맺음.
結合	결합	관계를 맺고 합쳐서 하나로 됨.

 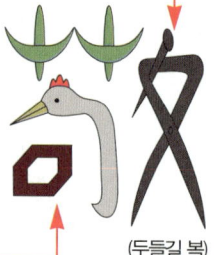  

(두들길 복)

respect　풀 속에 닭이 두들겨 맞을까봐 조심하다　조심할 (공경할) **경**

敬虔	경건	공경하는 마음으로 깊이 삼가고 조심함.	〈虔 정성스러울 건〉
敬老	경로	노인을 공경함.	〈老 늙을 로〉
敬語	경어	공경하는 뜻을 나타내는 말. 높임말. 공대말. 존경어.	〈語 말씀 어〉
敬意	경의	공경하는 마음.	〈意 뜻 의〉

서울의 성문을 본뜬 글자

(서울 경)

(해/날 일)

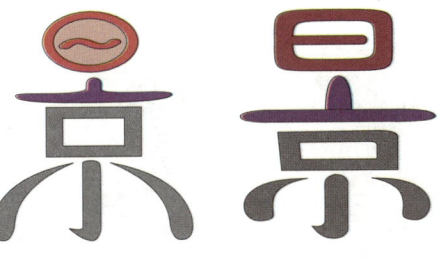

sunlight   해가 서울 상공에서 볕이 나니 경치가 좋다   **(빛/볕 경)**

景氣	경기	매매 거래가 잘 이루어지는 형편.	〈氣 기운 기〉
景仰	경앙	덕을 사모해 우러러 봄.	〈仰 우러를 앙〉
景致	경치	자연의 아름다운 모습.	〈致 이를 치〉
佳景	가경	아름다운 경치.	〈佳 아름다울 가〉

샤워를 틀어 모루에
물줄기를 뿌리다

(수레 거/차 차)

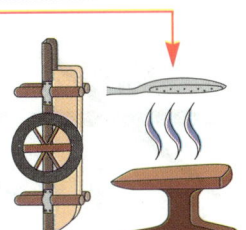
(물줄기 경)

light   수레가 물줄기처럼 가볍게 달린다   **(가벼울 경)**

輕率	경솔	언행이 신중하지 못하고 가벼움.	〈率 거느릴 솔/비율 률〉
輕視	경시	가볍게 봄. 넘봄. 깔봄. ⑪중시(重視)	〈視 볼 시〉
輕重	경중	가벼움과 무거움. 작은 일과 큰 일. 가벼이 할 일과 존중히 할 일.	〈重 무거울 중〉
輕快	경쾌	가뿐하고 상쾌함. 가볍고 빠름. 병세가 조금 나아짐.	〈快 쾌할 쾌〉

(설 립) (설 립)
(입 구)
(사람 인)

quarrel   서서 입으로 사람 둘이 다투다   **(다툴 경)**

競技	경기	기술이 낮고 못함을 서로 경쟁함.
競賣	경매	최고액의 신청자에 파는 일.
競演	경연	연극·음악 등 연기를 다툼.
競爭	경쟁	서로 겨루어 다툼. ㉑生存競爭

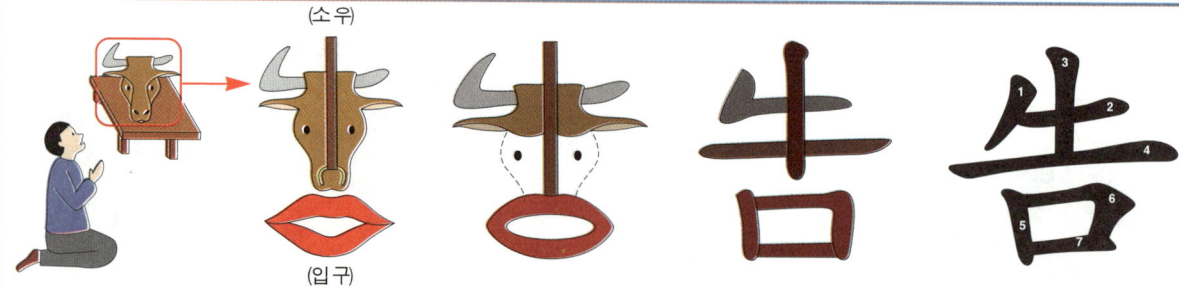

ask / tell
소를 잡아 놓고 **입**으로 신에게 **고하다**.

(고할/알릴 고)

告別	고별	작별을 고함.	〈別 다를 별〉
告示	고시	국가 기관이 국민에게 널리 알림.	〈示 보일 시〉
告知	고지	통지하여 알림. ㉑稅務告知書	〈知 알 지〉
宣告	선고	재판의 판결을 선포함.	〈宣 베풀 선〉

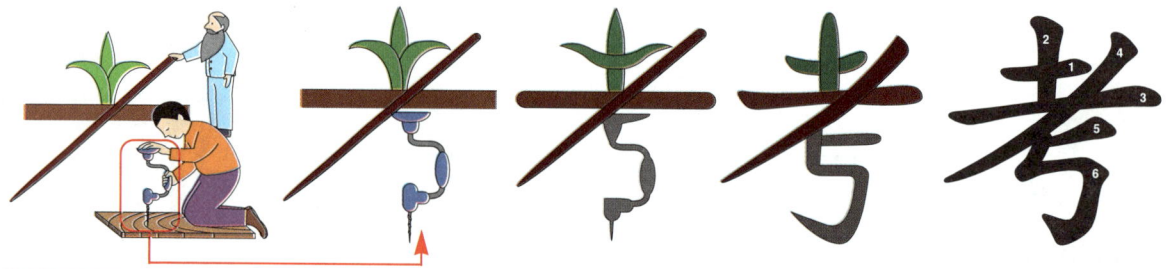

think
지팡이를 보고 **늙은이**가 **송곳**을 **상고하여** 내다

(상고할 고)

考古	고고	예를 상고(詳考)함. 옛것을 상고함.
考慮	고려	생각하여 헤아림.
考察	고찰	상고하여 살펴 봄.
參考	참고	살펴서 생각함. 참조하여 고증함.

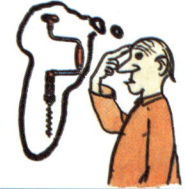

 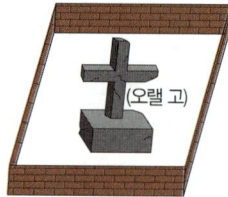   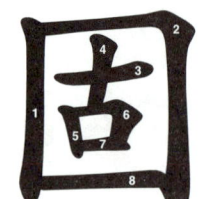

hard / harden
성을 **오래된 비석**처럼 장기간 쌓았으니 **굳다**

(굳을 고)

固有	고유	원래부터 있음.
固定	고정	작정한 대로 바뀌지 않음. ㉑固定觀念
固執	고집	제 의견을 굳게 내세움. ㉑固執不通
確固	확고	확실하고 튼튼하여 굳음.

crooked 광주리에 농작물이 **굽어져** 담겨 있는 모양 　　　　　**(굽을 곡)**

曲馬	곡마	말을 타고 여러 가지 재주를 부림. 말을 타고 하는 재주.	〈馬 말마〉
曲線美	곡선미	곡선이 나타내는 미. 여자의 육체가 이루는 곡선의 미.	〈線 줄선 / 美 아름다울미〉
曲折	곡절	꼬불꼬불한 까닭.	〈折 꺾을절〉
曲調	곡조	가사·음악 등의 가락.	〈調 고를조〉

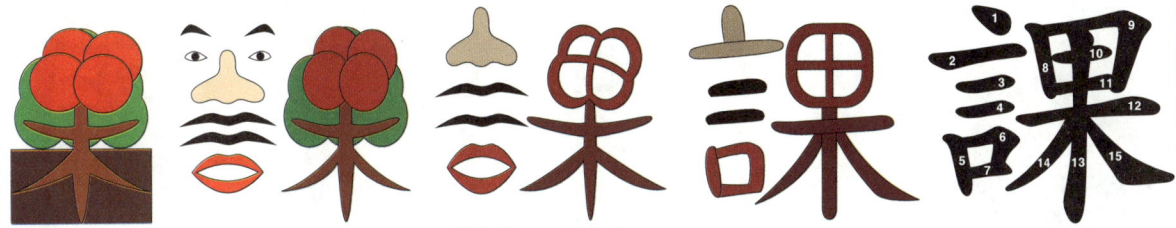

lesson 말한 대로 성적이 좋은 **열매**를 맺도록 **과목을 공부**하다 　　　　　**(과목 공부 과)**

課目	과목	할당된 과목.	〈目 눈목〉
課程	과정	① 과업의 정도. ② 학년의 정도에 딸린 과목.	〈程 길정〉
課題	과제	주어진 제목이나 문제.	〈題 제목제〉
賦課	부과	구실을 물리려고 그것을 매김.	〈賦 줄부〉

pass by 입이 삐뚤어 돌아가 정 위치를 **지나치다** 　　　　　**(지날 과)**

過激	과격	지나치게 격렬함.	〈激 과격할격〉
過勞	과로	지나치게 일하여 고달픔.	〈勞 수고로울로〉
過敏	과민	지나치게 예민함.	〈敏 민첩할민〉
過負荷	과부하	전기의 규정량을 초과하는 부하.	〈負 짐질부 / 荷 멜하〉

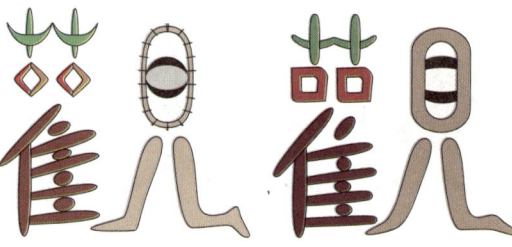

(문 문) (고리꿸 관) (고리꿸 관)

bolt
문에 고리를 꿰어 잠그다 (잠글/관계할 관)

關鍵	관건	빗장과 자물쇠. 문호(門戶)의 단속. 핵심.	〈鍵 자물쇠 건〉
關係	관계	둘 이상이 서로 걸림.	〈係 걸릴 계〉
關與	관여	관계하여 참여함.	〈與 참여할 여〉
關節	관절	뼈와 뼈가 서로 맞닿은 가동성(可動性)의 연결부. 뼈마디.	〈節 마디 절〉

눈으로 사람이 보다

숲에서 목을 좌우로 저으며 울어대는 황새 (황새 관) (볼 견)

observe
황새가 먹이를 자세히 **보고** 또 **보다** (볼 관)

觀光	관광	다른 나라의 문물제도를 시찰함.	〈光 빛 광〉
觀念	관념	생각. 견해.	〈念 생각 념〉
觀望	관망	형세를 바라봄.	〈望 바랄 망〉
觀察	관찰	사물을 주의하여 살펴봄.	〈察 살필 찰〉

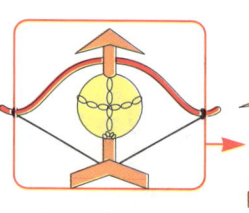 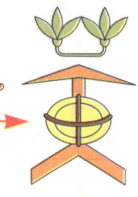 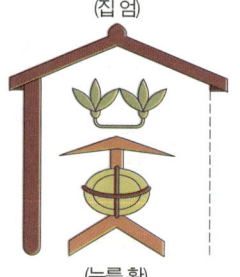 

(집 엄)

시들은 풀과 황이 묶인 불화살은 누런색이다. (누를 황) (누를 황)

broad
집안 끝이 아물아물 **노랗게(누렇게)** 보일 정도로 **넓다** (넓을 광)

廣告	광고	널리 알림. 예)廣告宣傳	〈告 알릴 고〉
廣漠	광막	넓고 아득함.	〈漠 아득할 막〉
廣野	광야	너른 들.	〈野 들 야〉
廣義	광의	넓은 범위 쪽의 뜻.	〈義 옳을 의〉

亯 木 喬 橋 橋 橋

이층 집의 모양　(나무 목)　(높을 교)

bridge　　　나무로 **높게** 걸쳐 놓은 것이 **다리**다　　　(다리 **교**)

橋脚	교각	다리를 받치는 기둥.
橋梁	교량	다리. ㈜橋梁爆破
橋體	교체	다리의 주체가 되는 부분.
陸橋	육교	길 위에 가설한 다리.

(풀 초)　(새 추)　(절구 구)　㈱旧

old　풀 속에 **새**로 **절구통**이란 별명으로 **옛**부터 불리었던 것이 **부엉이**다.　(옛·부엉이 **구**)

舊都	구도	옛 도읍. 옛 서울.
舊面	구면	전부터 안면이 있는 사람.
舊態依然	구태의연	옛 모양 그대로임.
復舊	복구	그전 모양으로 되돌림.

prepare　　가구 밑에다 받침대를 **갖추어** 놓다　　(갖출 **구**)

具備	구비	빠짐없이 갖춤. 모두 갖춤.	〈備 갖출비〉
具眼	구안	사리(事理)를 분별하는 눈이 있음.	〈眼 눈안〉
具體	구체	완전한 신체를 가짐.	〈體 몸체〉
器具	기구	세간·그릇 등을 통틀어 일컫는 말.	〈器 그릇기〉

(구할 구)　(두들길 복)

rescue　(위험에서) **구하려고 두들겨 건지다(구원하다)**　　(구원할 **구**)

救急	구급	당장의 위급을 구원함.
救難	구난	어려움에서 건짐.
救援	구원	곤란을 면하게 도와 건져 줌.
救護	구호	구조하여 보호함.

situation / part　**집** 안에서 **팔**로 **입(목)**을 조이니 죽을 **판**이다　　(판 **국**)

局量	국량	너그러운 마음과 깊은 생각.	〈量 헤아릴 량〉
局面	국면	사건이 변천해 가는 정세. 바둑 등의 승패.	〈面 낯 면〉
局地	국지	한정된 한 구역의 땅.	〈地 땅 지〉
局限	국한	어떤 한 부분에서만 한정함.	〈限 한정 한〉

honorable　**엽전 꽂이**와 **돈궤**는 **귀한** 것이다　　(귀할 **귀**)

貴人	귀인	신분이 존귀한 사람.	〈人 사람 인〉
貴重	귀중	매우 소중함. 귀하고 소중함.	〈重 무거울 중〉
貴賤	귀천	귀함과 천함. 부귀와 빈천. 귀인과 천인.	〈賤 천할 천〉
貴下	귀하	상대방을 높이어 일컫는 말.	〈下 아래 하〉

눈으로 사람이 보다　(지아비 부)　(볼견)

rule
(여자가) **지아비**를 **볼**(맞을) 때는 **법규**를 따른다　　　　（법 **규**）

規模	규모	본보기. 규범(規範). 물건의 크기나 구조.	〈摸 법 모〉
規定	규정	규칙을 정함. 또, 그 규칙.	〈定 정할정〉
規則	규칙	지키고 따라야 할 준칙(準則).	〈則 곧즉/법칙〉
例規	예규	관례와 규칙. 관례로 성립된 규칙.	〈例 법식레〉

(합할 합)　　　　　　　　　　　　　　　　　　　　　　　　　
뚜껑을 그릇에 덮어 합하다　(실 사)　(합할 합)

give
실을 **합하여** 이어**주다**　　　　（줄 **급**）

給料	급료	노력에 대한 보수.	〈料 헤아릴료〉
給水	급수	물을 공급함. 또, 그 물.	〈水 물수〉
給食	급식	음식물을 줌.	〈食 밥식〉
給與	급여	봉급·임금 등의 총칭.	〈與 줄여〉

body
사람의 **몸**을 본뜬 자　　　　（몸 **기**）

己物	기물	자기의 물건.	〈物 만물물〉
己有	기유	자기의 소유.	〈有 있을유〉
己出	기출	자기가 낳은 자녀.	〈出 날출〉
知己	지기	서로 마음이 통하는 벗. 예)知己之友	〈知 알지〉

其 其 其 基 基
(그기)
의자가 바로 그것이다
(흙 토)

base
그 땅(흙)에 터를 잡다   (터 기)

基幹	기간	근본의 줄거리. 본바탕이 되는 줄기.	〈幹 줄기 간〉
基礎	기초	사물의 밑바탕.	〈礎 주춧돌 초〉
基盤	기반	기초가 될 만한 지반.	〈盤 받침 반〉
基因	기인	근본적인 원인.	〈因 인할 인〉

技 技 技 技
(손 수) (갈라질 지)

skill / talent
손으로 좋고 나쁜 것을 갈라 잡는 것이 재주다.   (재주 기)

技術	기술	공예의 재주.	〈術 재주 술〉
技藝	기예	기술상의 재주와 솜씨.	〈藝 재주 예〉
技能	기능	기술상의 재능.	〈能 능할 능〉
妙技	묘기	교묘한 기술과 재주.	〈妙 묘할 묘〉

汽 汽 汽
(수증기 기) (물 수) (수증기 기)

steam
물에서 나오는 수증기가 김이다   (김 기)

汽管	기관	증기를 보내는 속이 빈 둥근 쇠통.	〈管 대롱 관〉
汽罐	기관	물을 끓여 증기로 바꾸는 장치. 보일러.	〈罐 두레박 관〉
汽笛	기적	기차나 기선에서 증기의 힘으로 울리게 하는 고동.	〈笛 피리 적〉
汽艇	기정	증기 기관으로 달리는 작은 배.	〈艇 거룻배 정〉

(그 기) (달 월)

time / meet 그 달에 때를 기약하다 (기약할 때 기)

期間	기간	미리 정한 일정한 동안.	〈間 사이 간〉
期待	기대	믿고 기다림.	〈待 기다릴 대〉
期約	기약	때를 정하여 약속함.	〈約 대략 약〉
失期	실기	일정한 시기를 놓침.	〈失 잃을 실〉

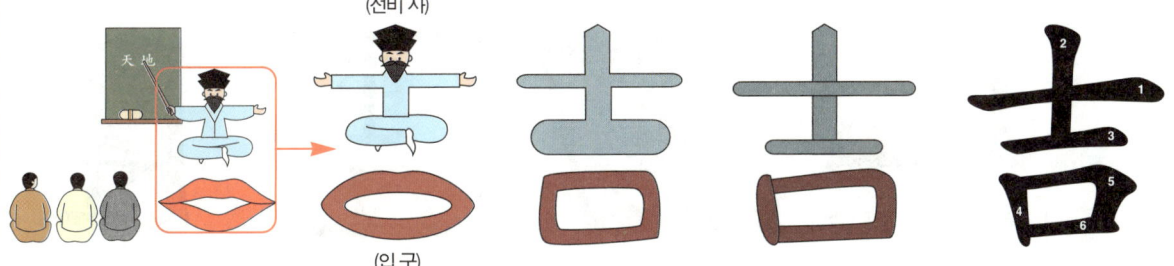
(선비 사) (입 구)

lucky 선비가 입으로 (옳은)길한 소리만 한다 (길할 길)

吉慶	길경	아주 경사스러운 일.	〈慶 경사 경〉
吉夢	길몽	좋은 일이 있을 듯한 꿈. ㈖祥夢	〈夢 꿈 몽〉
吉兆	길조	좋은 조짐. ㈃凶兆	〈兆 조짐 조〉
吉凶	길흉	좋은 일과 나쁜 일. ㈁吉凶禍福	〈凶 흉할 흉〉

집에서 낫을 들고 이제 막 일하러 간다는 뜻

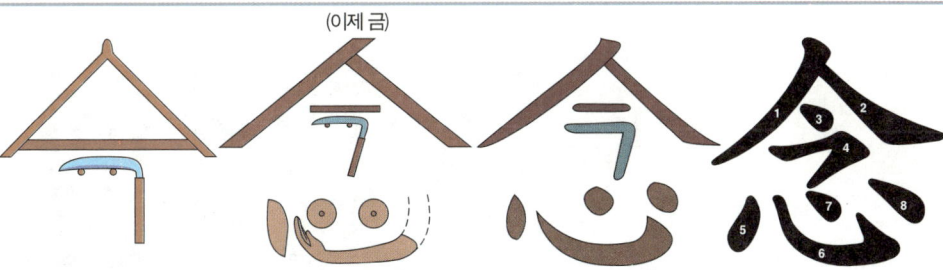
(이제 금) (마음/가슴 심)

thinking 이제 막 마음으로 생각하다 (생각할 념)

念經	염경	기도문을 욈.
念頭	염두	생각의 시초. 마음속.
念慮	염려	마음을 놓지 못함. 헤아려 걱정함. 또, 그런 생각.
念佛	염불	공덕을 염(念)하면서 입으로 불명(佛名)을 부르는 일.

   能 能

able (곰의 모양) 곰은 재주부리기에 능하기 때문에 **능하다**는 뜻이 됨 (**능할 능**)

能動	능동	제 마음에 내켜서 함.	〈動 움직일 동〉
能力	능력	일을 감당해 내는 힘.	〈力 힘 력〉
能小能大	능소능대	모든 일에 두루 능함.	〈小 작을 소/大 큰 대〉
本能	본능	선천적으로 가진 동작이나 운동.	〈本 근본 본〉

  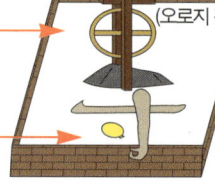  

물레만 손으로 오로지 잣다   (오로지 전)   (에워쌀 위)   (약) 団

round   에워싸듯이 오로지 둥글게 뭉친 것이 **단체**다   (**둥글 모일 단**)

團結	단결	모여 한 덩어리를 이룸. 단합(團合).	〈結 맺을 결〉
團欒	단란	모여서 즐김.	〈欒 원만할 란〉
團束	단속	경계를 단단히 다잡음.	〈束 묶을 속〉
集團	집단	모임. 떼. 상호간 생활체의 집합.	〈集 모을 집〉

광의 층계돌 같이 크다   (흙 토)   (클 단)

platform   흙을 광의 층계돌같이 크게 쌓아 올린 것이 **제터**다   (**제터 단**)

祭壇	제단	제사 지내게 만들어 놓은 단.	〈祭 제사 제〉
登壇	등단	연단, 교단에 오름.	〈登 오를 등〉
文壇	문단	문인들의 사회.	〈文 글월 문〉
花壇	화단	꽃을 심기 위해 만든 꽃밭.	〈花 꽃 화〉

(말씀 언) (불꽃 염)

speak 말을 **불꽃**같이 명백하게 **말씀**드리다 (말씀 **담**)

美談	미담	후세에 전할만한 갸륵한 얘기.	〈美 아름다울 미〉
談笑	담소	웃으면서 이야기 함.	〈笑 웃을 소〉
弄談	농담	실없이 하는 장난의 말.	〈弄 희롱할 롱/농〉
談論	담론	담화와 의론.	〈論 의논할 론〉

(높을 상)

(밭 전)

suitable (지대가) **높은 곳**에 **밭**을 개간함은 **마땅하다** (마땅할 **당**)

當直	당직	숙직, 일직 등의 차례가 됨.
至當	지당	이치에 맞고 지극히 당연함.
當局	당국	어떤 일을 담당함. 또는 그 곳.
擔當	담당	어떤 일을 넘겨 맡음.

(큰 덕)

 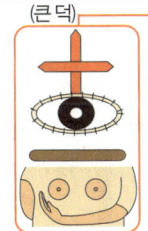 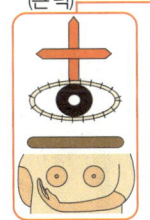 

십자가만 눈으로 바라보며 한마음으로 생활하는 것이 덕이다

(바삐갈 척) (큰 덕)

virtue **바삐** 살아 가면서 **덕**을 쌓아 **큰 은혜**를 베풀다 (큰 / 덕 **덕**)

德望	덕망	덕행(德行)과 인망. 많은 사람이 그의 덕을 경모함.	〈望 바랄 망〉
德澤	덕택	남에게 끼치는 은덕의 혜택.	〈澤 윤택할 택〉
德行	덕행	덕성스러운 행실. 덕성과 행실.	〈行 다닐 행〉
功德心	공덕심	여러 사람에게 좋은 일을 하려는 마음.	〈功 공공 / 心 마음 심〉

 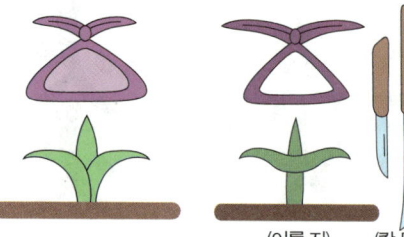
보따리를 들고 목적지 땅에 이르다
(이를지) (칼 도)

reach
(표적에) 던져 **이른 칼**끝이 과녁에 **다다르다**   (다다를 / 이를 **도**)

到達	도달	목적한 곳에 이름.
到來	도래	그곳에 이름. 와 닿음. 닥쳐 옴.
到着	도착	목적지에 다다름.
到處	도처	가는 곳. 이르는 곳. 가는 곳마다.

   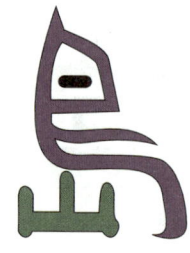 
(메 산)

island
새가 바다 가운데 **산**에 앉은 곳이 **섬**이다.   (섬 **도**)

島國民	도국민	섬나라의 국민.	〈國 나라 국 / 民 백성 민〉
島民	도민	섬에서 사는 사람.	〈民 백성 민〉
島嶼	도서	크고 작은 섬들.	〈嶼 섬 서〉
落島	낙도	외따로 떨어져 있는 섬.	〈落 떨어질 락〉

늙은이가 모든 자들을 놈이라고 부르다   (놈 자) (마을 읍) (놈 자)

capital / city
많은 **자**들이 사는 **마을**이 도회지다   (도회지 / 도읍 **도**)

都給	도급	일정한 기간 내에 완성해야 할 일을 맡기는 일.	〈給 줄 급〉
都心	도심	도시의 중심이 되는 곳.	〈心 마음 심〉
都合	도합	모두 한데 합한 셈.	〈合 합할 합〉
都會	도회	사람이 많이 사는 번화한 곳. 도시(都市).	〈會 모을 회〉

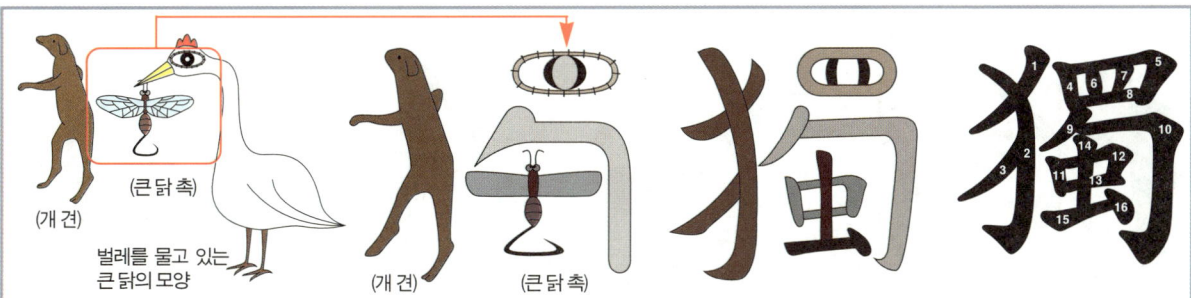

alone
개와 닭은 각각 홀로 있어야 한다. (홀로 독)

獨身	독신	형제 자매가 없는 몸.	〈身 몸 신〉
獨尊	독존	저 혼자만 존귀함.	〈尊 높을 존〉
獨居	독거	혼자 삶.	〈居 살 거〉
獨走	독주	경주 등에서 남을 앞질러 혼자 달림.	〈走 달릴 주〉

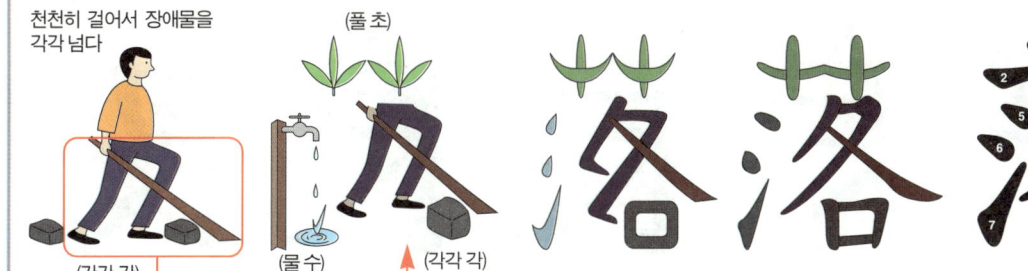

fall
풀에 물방울이 각각 떨어지다 (떨어질 락)

落果	낙과	과실이 발육도중에 나무에서 떨어짐.	〈果 과실 과〉
落膽	낙담	실망하여 맥이 풀림.	〈膽 쓸개 담〉
落伍	낙오	대오에서 떨어짐.	〈伍 대오 오〉
落第	낙제	시험에 떨어짐. 성적이 나빠서 상급 학년에 오르지 못함.	〈弟 차례 제〉

bright
놀기 좋으리만큼 달빛이 밝다 (밝을 랑)

朗朗	낭랑	빛이 매우 밝은 모양.	〈朗 밝을 랑/낭〉
明朗	명랑	밝고 쾌활함.	〈明 밝을 명〉
朗讀	낭독	소리내어 읽음.	〈讀 읽을 독〉
朗報	낭보	명랑한 보도. 반가운 소식.	〈報 알릴 보〉

집 안에 있는 자에게 명령하다

고드름이 달린 모양
(얼음 빙) (명령할 령)

cold / cool 얼음을 넣도록 명령하여 차게 하다 (찰 랭)

冷嚴	냉엄	냉정하고 엄격함.	〈嚴 엄할 엄〉
冷風	냉풍	가을, 초봄의 싸늘한 바람.	〈風 바람 풍〉
冷酷	냉혹	인정이 없고 혹독함.	〈酷 혹독할 혹〉
冷情	냉정	매정하고 쌀쌀함.	〈情 뜻 정〉

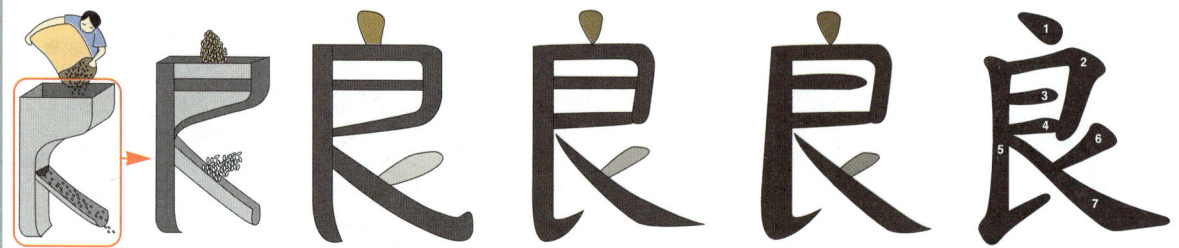

good 쌀을 정미기에 부어서 좋은 양식을 만든다는 뜻 (어질/좋을 량)

良家	양가	양민의 집. 양갓집. 신분이 있는 집안.	〈家 집 가〉
良心	양심	사람의 본 마음. 인간 고유의 선심.	〈心 마음 심〉
良好	양호	매우 좋음.	〈好 좋을 호〉
選良	선량	뛰어난 인물을 선출함. 또, 그 인재.	〈選 가릴 선〉

(마을 리)

마을의 이정표를 본뜬 글자

measure 되를 굴대질하여 마을에서 곡식량을 헤아리다 (헤아릴 량)

用量	용량	약제의 한 번 또는 하루의 사용량.	〈用 쓸 용〉
容量	용량	용기 안에 들어갈 수 있는 분량.	〈容 얼굴 용〉
度量	도량	너그러운 마음과 깊은 생각.	〈度 법도 도〉
雅量	아량	깊고 너그러운 도량.	〈雅 아담할 아〉

나뭇가지를 휘어 묶어 뿌리를 내리게 하다 (깃발 언) (뿌리/성 씨)

travel (유목 생활을 할 당시) **깃발**을 앞세우고 많은 **성씨**들이 **나그네**같이 **여행**을 하다 (나그네/여행 **려**)

旅毒	여독	여행에 의한 해독이나 피로.	〈毒 독할 독〉
旅館	여관	여객을 치는 집.	〈館 집 관〉
旅客	여객	여행하는 사람. 나그네.	〈客 손 객〉
旅程	여정	여행의 도정.	〈程 길 정〉

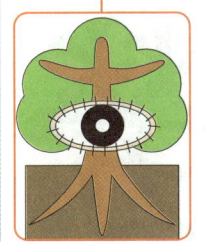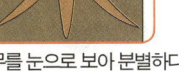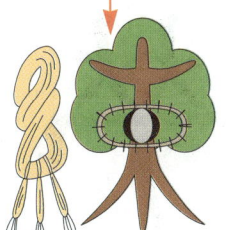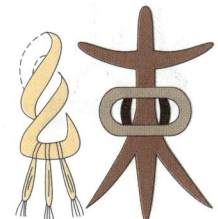

(그칠/멈출 지) (바위 엄) (그칠/멈출 지)

pass **바위** 옆에서 **벼** 베기 하느라 **멈추고** 서서 추수하며 **지내다** (지낼 **력**)

歷代	역대	여러 대를 이음.	〈代 대신 대〉
歷訪	역방	여러 곳을 둘러서 방문함.	〈訪 찾을 방〉
歷史	역사	인류 사회의 과거에 있어서의 변천·흥망의 사실 기록.	〈史 역사 사〉
歷任	역임	여러 벼슬을 차례로 지냄.	〈任 맡길 임〉

나무를 눈으로 보아 분별하다 (실 사) (분별할 간)

practice **실**을 **분별하는** 일을 **익히다** (익힐/가릴 **련**)

練習	연습	학문, 기예 등을 연마하여 익힘.	〈習 익힐 습〉
訓練	훈련	무예의 가르침을 받아 단련함.	〈訓 가르칠 훈〉
精練	정련	잘 연습함.	〈精 정할 정〉
試練	시련	시험하고 단련함.	〈試 시험할 시〉

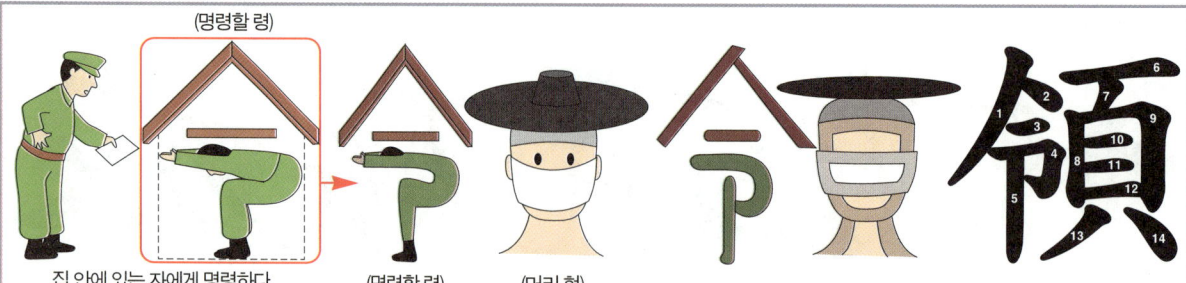

lead 명령을 하는 **우두머리**가 부하를 **거느리다** (거느릴 **령**)

領空	영공	영토와 영해 위의 하늘.	〈空 하늘 공〉
領內	영내	영토의 안.	〈內 안 내〉
領帶	영대	성직자가 목에 걸쳐서 무릎까지 느러지게 매는 좁고 긴 띠.	〈帶 띠 대〉
領導力	영도력	영도하는 능력.	〈導 인도할 도/力 힘 력〉

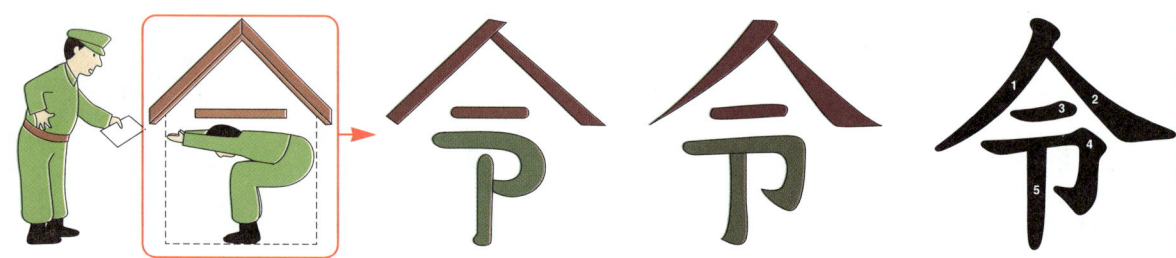

order **집 안**에 있는 **자**에게 **명령하다** (명령할/하여금 **령**)

令望	영망	좋은 명망. 좋은 평판.	〈望 바랄 망〉
令狀	영장	명령을 적은 문서. 구속·수색 문서.	〈狀 문서 장〉
假令	가령	어떤 일을 가정하여 쓰는 말.	〈假 거짓 가〉
命令	명령	윗사람이 내리는 분부.	〈命 목숨 명〉

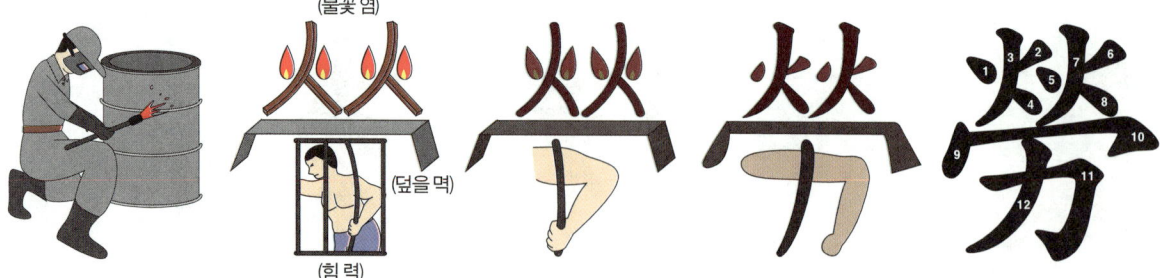

work / toil (용접공이) **불꽃** 앞에서 **덮어쓰고 힘써 수고하다** (위로할/수고할 **로**)

勞苦	노고	애쓰고 고생함. 수고를 위로함.	〈苦 괴로울 고〉
勞困	노곤	고달프고 고단함.	〈困 곤할 곤〉
勞動	노동	몸을 움직여 일함.	〈動 움직일 동〉
勞賃	노임	품삯. 노동에 대한 보수.	〈賃 품삯 임〉

(쌀미) (말두)

| measure | 쌀을 말질하여 양을 헤아리다 | (헤아릴 료) |

料量	요량	앞일에 대해 잘 생각하여 헤아림.	〈量 헤아릴 양〉
思料	사료	생각하여 헤아림.	〈思 생각할 사〉
原料	원료	제조 가공의 재료.	〈原 근원 원〉
燃料	연료	가열용의 장작, 석탄, 코크스, 가스, 유류 등의 총칭.	〈燃 불탈 연〉

(쌀미) (개 견) (머리 혈)

| class | 쌀겨를 뒤집어 쓴 개의 머리통이 서로 비슷하다(같다) | (비슷할 무리 류) |

類似	유사	서로 비슷함.	〈似 같을 사〉
同類	동류	같은 종류.	〈同 한가지 동〉
類題	유제	비슷하거나 같은 종류의 문제.	〈題 제목 제〉
類例	유례	같거나 비슷한 예.	〈例 법식 례〉

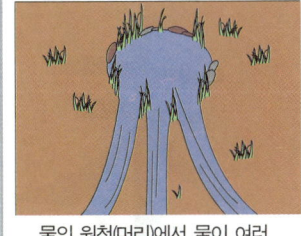
물의 원천(머리)에서 물이 여러 갈래로 흘러내리는 모양
(물 수)

| stream / flow | 물이 원천이 되는 머리에서 스며나와 계속 흐르다 | (흐를 류) |

流失	유실	떠내려가 없어짐.	〈失 잃을 실〉
流浪	유랑	일정한 목적없이 헤매어 떠돌아다님.	〈浪 물결 랑〉
流民	유민	난세 또는 혹심한 주구에 못견디어 고향을 떠나 타향을 떠도는 백성.	〈民 백성 민〉
流布	유포	널리 퍼짐. 널리 퍼뜨림.	〈布 펼 포〉

모종에 흙을 높게 북돋우는 모양 (언덕 부) (높을 륙)

land
언덕같이 바다 위로 **높게** 나온 것이 뭍(육지)이다   (뭍 **륙**)

陸橋	육교	도로나 철로 위를 가로질러 놓은 구름다리.
陸路	육로	육지의 길.
陸地	육지	뭍. 대지(大地). 지구 위의 땅.
離陸	이륙	육지를 떠남. 비행기가 땅에서 떠오름.

horse
말의 모양   (말 **마**)

馬脚	마각	막의 다리. 숨기려던 본성.	〈脚 다리 각〉
馬夫	마부	말을 부리는 사람.	〈夫 사내 부〉
落馬	낙마	탄 말에서 떨어짐.	〈落 떨어질 낙〉
驛馬	역마	역참에 대기시켜 둔 말. 예)驛馬車	〈驛 역마 역〉

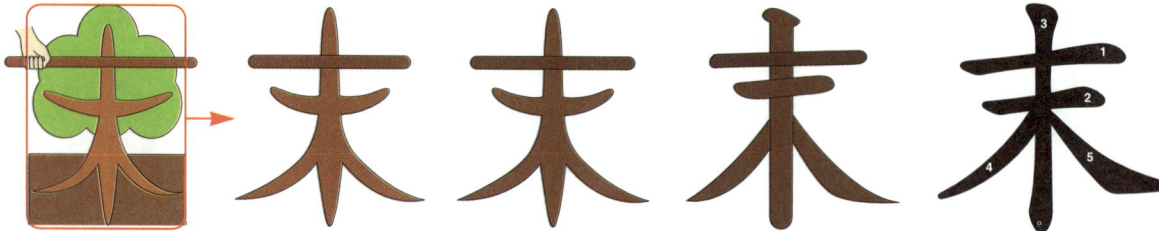

나무의 끝을 짚어 보이는 모양

end
나무의 위쪽 가지가 곧 **끝**이다   (끝 **말**)

末端	말단	맨 끄트머리. 맨 아래. 끝.	〈端 끝 단〉
末席	말석	맨 끝은 좌석. 지위의 맨 끝.	〈席 자리 석〉
末職	말직	맨 끝자리의 벼슬. 하찮은 소임.	〈職 벼슬 직〉
始末	시말	처음과 끝. 일의 전말.	〈始 비로소 시〉

hope (나라가) **망**하니 **달**밤에 **왕**이 **보름달**을 하염없이 **바라보**다 (바랄 보름달 **망**)

望拜	망배	멀리서 연고가 있는 쪽을 바라고보 하는 절.	〈拜 절배〉
觀望	관망	형세를 바라 봄.	〈觀 볼관〉
望臺	망대	적의 동정을 망보는 높은 대.	〈臺 돈대 대〉
希望	희망	어떤 일을 이루고자 또는 그걸 얻고자 바람.	〈希 바랄 희〉

lose / ruin **칼**을 쓰고 **옥**에 갇히니 모든 것을 다 **잃어버리고** 망한 꼴이다 (망할 잃을 **망**)

亡身	망신	자기의 지위, 명예, 체면 따위를 망침.	〈身 몸신〉
亡失	망실	잃어버려서 없어짐.	〈失 잃을실〉
亡命	망명	혁명의 실패 또는 그밖의 사정으로 제 나라에 있지 못하고 남의 나라로 몸을 피함.	〈命 목숨 명〉
逃亡	도망	피해 달아남.	〈逃 달아날 도〉

sell **선비**에게 **광주리**의 물건을 **돈**을 받고 **팔**다 (팔 **매**)

賣藥	매약	약을 팖.	〈藥 약약〉
賣店	매점	어떤 기관이나 단체 안에서 물건을 파는 작은 가게.	〈店 가게점〉
發賣	발매	상품을 내어서 팖.	〈發 필발〉
賣渡	매도	물건을 팔아 넘김.	〈渡 건널 도〉

(돈[게] 패)

buy
광주리에 물건을 돈을 주고 **사다** (살 **매**)

買氣	매기	상품을 사려는 기분. 살 사람들의 인기.	〈氣 기운 기〉
買買	매매	물건을 팔고 삼.	〈賣 팔 매〉
買名	매명	금품이나 수단을 써서 명예를 얻음.	〈名 이름 명〉
買收	매수	물건을 사들임.	〈收 거둘 수〉

nothing
파손된 빈 새장을 숯불에 태웠으니 아무것도 **없다** (없을 **무**)

無價値	무가치	아무 값어치가 없음.	〈價 값 가 / 値 값 치〉
無窮	무궁	끝없음. 한이 없음.	〈窮 궁리할 궁〉
無難	무난	어렵지 않음.	〈難 어려울 난〉
無妨	무방	방해될 것이 없음.	〈妨 방해할 방〉

서서 입으로 다투며 갈라지다
 (가를 부)
 (사람 인) (가를 부)

double
(한 무리의) **사람들이** 두 패로 갈라지니 집단 수가 갑절(곱)이 되다 (갑절 / 곱 **배**)

倍加	배가	갑절을 더함.	〈加 더할 가〉
倍達民族	배달민족	우리 민족을 일컬음.	〈達 통달할 달 / 民 백성 민 / 族 겨레 족〉
倍勝	배승	갑절이나 더 나음.	〈勝 이길 승〉
倍額	배액	두 배의 값.	〈額 이마 / 머릿수 액〉

탱크가 가는 모양　　　　　　　(물 수)　　　　(갈 거)

law　　　물이 흘러**가는** 것처럼 평평(평등)한 것이 **법**이다　　　(법 **법**)

法律	법률	국민이 지켜야 할 나라의 규율.	〈律 법률〉
法廷	법정	재판관이 재판을 하는 곳. 재판정.	〈廷 조정 정〉
法治	법치	법률에 의하여 나라를 다스림.	〈治 다스릴 치〉
方法	방법	목적을 달성하기 위한 수단.	〈方 모 방〉

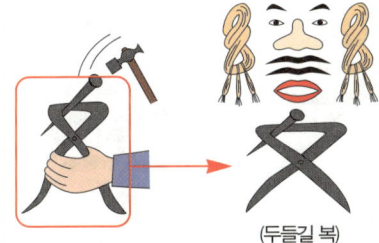   

(두들길 복)　　　　　　　　　　　　　　　　　약 変

change　(두 실타래가 풀리듯)말을 잇달아 하며 **두들겨** 가르치면 착한 자로 **변한다**　(변할 **변**)

變德	변덕	이랬다 저랬다 하여 자주 변하는 마음씨.	〈德 큰 덕〉
變心	변심	마음이 변함.	〈心 마음 심〉
變則	변칙	원칙에서 벗어난 법칙. 예 變則運營	〈則 법칙 칙〉
變化	변화	달라지거나 달라지게 함. 예 生態變化	〈化 될 화〉

(받쳐들/들 공)

soldier　　　도끼를 들고 있는 자가 **군사**다　　　(군사 **병**)

兵力	병력	군대의 힘. 전투력.	〈力 힘 력〉
兵法	병법	군사에 대한 모든 법칙.	〈法 법 법〉
兵事	병사	병역, 군대, 전쟁 등에 관한 일.	〈事 일 사〉
兵役	병역	군적에 편입되어 군무에 봉사하는 일.	〈役 부릴 역〉

happiness

젯상을 가득하게 차리고 제사 지내면 복이 내린다 (복 **복**)

福券	복권	제비를 뽑아서 맞은 표에 대해 많은 배당을 주는 표찰.	〈券 문서 권〉
福德	복덕	복과 덕. 복이 많고 덕이 두터움.	〈德 큰 덕〉
福利	복리	행복과 이익.	〈利 이로울 리〉
福音	복음	기쁜 소식. 그리스도의 가르침.	〈音 소리 음〉

serve / honor

무성하게 잘 자란 채소를 손에 받들어 들고 봉양하다 (봉양할 받들 **봉**)

奉仕	봉사	공손히 시중 듦.	〈仕 벼슬 사〉
奉送	봉송	공손히 배웅함.	〈送 보낼 송〉
奉養	봉양	부모 등 웃어른을 받들어 부양함.	〈養 봉양할 양〉
奉祝	봉축	받들어 축하함.	〈祝 빌 축〉

compare

키를 나란히 앉아 견주다 (나란히 견줄 **비**)

比較	비교	서로 견주어 봄.	〈較 비교할 교〉
比等	비등	서로 비슷함.	〈等 무리 등〉
比例	비례	예를 들어 비교함.	〈例 법식 례〉
比率	비율	둘 이상의 수를 비교한 율.	〈率 비율 률/율〉

(코/스스로 자) (밭 전)

nose   스스로 밭작물을 상 위에 놓고 코로 냄새를 맡다   (코 **비**)

鼻骨	비골	코를 형성한 연골.	〈骨 뼈 골〉
鼻孔	비공	콧구멍.	〈孔 구멍 공〉
鼻笑	비소	코웃음. 冷笑(냉소).	〈笑 웃을 소〉
鼻祖	비조	처음으로 사업을 일으킨 사람.	〈祖 할아비 조〉

(아니불/부)

費 費 費 費

(돈[게]패)

spend   (사람이) 아니 움직이니 돈을 뿌리듯 쓰다   (쓸 소비할 **비**)

費目	비목	비용을 지출하는 명목.	〈目 눈 목〉
費用	비용	드는 돈. 쓰이는 돈.	〈用 쓸 용〉
浪費	낭비	재물·시간 따위를 헛되이 씀.	〈浪 물결 낭/랑〉
消費	소비	돈이나 물건 등을 써서 없앰.	〈消 끌 소〉

氷 氷 氷 氷

(동) 冰

ice   덩어리 져 물에 떠 있는 것이 얼음이다   (얼음 **빙**)

氷庫	빙고	얼음을 넣어 두는 창고.	〈庫 곳집 고〉
氷壁	빙벽	빙산의 벽. 얼음이나 눈에 덮인 낭떠러지.	〈壁 바람벽 벽〉
氷山	빙산	바다에 떠 있는 얼음 덩어리.	〈山 뫼 산〉
氷點	빙점	얼거나 녹기 시작할 때의 물의 온도.	〈點 점 점〉

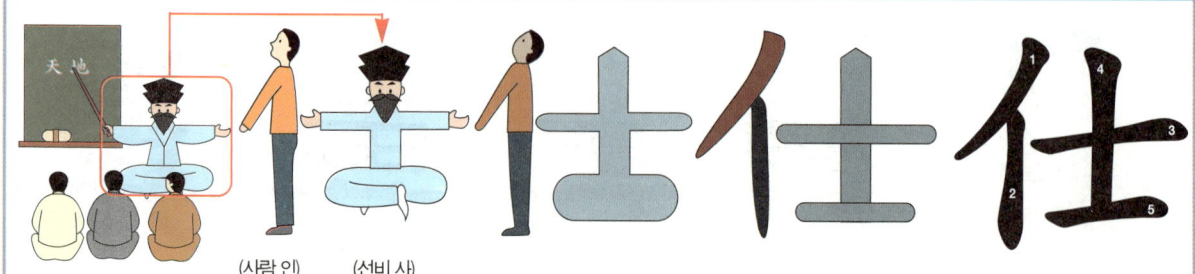

serve
사람이 선비가 되니 벼슬을 한다 (벼슬 사)

仕官	사관	부하가 다달이 상관에게 뵙던 일.
仕途	사도	벼슬길. 환로(宦路).
仕路	사로	선비로서 가야할 길.
奉仕	봉사	남을 위하여 공손히 시중 듦.

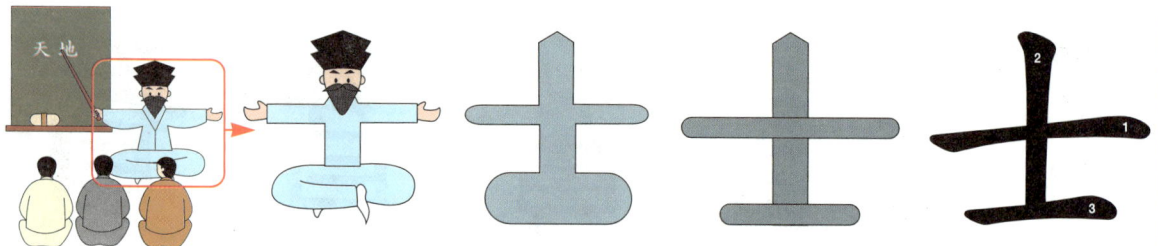

scholar
(글을 가르치는) 선비의 모양을 본뜬 글자 (선비 사)

士氣	사기	선비의 기개.	〈氣 기운 기〉
士類	사류	학식(學識)을 갖춘 사람들. 사림.	〈類 무리 류〉
士林	사림	선비들의 세계.	〈林 수풀 림〉
壯士	장사	젊은이. 청년. 장정(壯丁).	〈壯 장할 장〉

history
(치우치지 않고) 가운데(中) 입장에서 붓으로 써 놓은 것이 역사다 (역사 사)

史家	사가	역사에 정통한 사람. 역사가.	〈家 집 가〉
史庫	사고	조선왕조때 역사에 관한 기록이나 중요한 서적을 감추어두던 정부의 곳집.	〈庫 창고 고〉
史蹟	사적	역사에 남은 자취. 역사상의 유적.	〈蹟 자취 적〉
史草	사초	사관이 기록하여 둔 사기의 초고.	〈草 풀 초〉

think	밭에서 일하는 님을 **마음**으로 생각하다	(생각할 **사**)

思考	사고	생각하고 궁리함.	〈考 상고할 고〉
思慕	사모	그리워함. 우러러 받듦.	〈慕 사모할 모〉
思索	사색	사물의 이치를 깊이 생각함.	〈索 찾을 색〉
思春期	사춘기	이성(異性)에 눈 뜨는 나이.	〈春 봄 춘/期 기약 기〉

copy	집이 **절구통**같은 둥지에 **새**가 옮겨 앉듯이 글을 옮겨 **베끼다**.	그릴/베낄 **사**

寫本	사본	문서나 책을 베낌.
寫生	사생	자연 풍물 등을 보고 그대로 그림.
寫實	사실	실제 상태를 그려 냄.
複寫	복사	베낀 것을 또 베낌.

 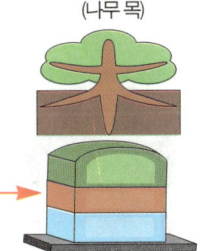

examine	나무를 포개어 놓고 (질과 수량을) **조사하다**	(조사할 **사**)

査夫人	사부인	사돈댁의 존칭.
査閱	사열	조사하기 위하여 쭉 살펴봄.
査丈	사장	사돈집의 웃어른.
査證	사증	여행권 따위의 검사증명. 비자(VISA).

  産 産 産

(바위 엄)   (날 생)

bear 　서 있는 **바위** 밑에 **나온(生)** 풀이 꽃봉오리를 **낳다**　　(낳을 **산**)

産苦	산고	아이를 낳는 괴로움.	〈苦 괴로울 고〉
産卵	산란	알을 낳음.	〈卵 알 란〉
産出	산출	물건을 생산하여 냄.	〈出 날 출〉
農産物	농산물	농업에 의하여 생산된 물건.	〈農 농사 농 / 物 만물 물〉

  相 相 相

(나무 목)   (눈 목)

mutual 　**나무** 곁에서 **눈**으로 **서로** 보다　　(서로 / 볼 **상**)

相見	상견	서로 봄(相對).	〈見 볼 견〉
相剋	상극	둘 사이에 마음이 서로 화합하지 못하고 항상 충돌함.	〈剋 이길 극〉
觀相	관상	인상을 보고 성질, 운명을 판단함.	〈觀 볼 관〉
相從	상종	서로 따르며 친하게 교제함.	〈從 좇을 종〉

가게에서 이익을 살짝 붙여 물건을 팔다　　(큰 대)

(살짝 열)　(살짝 열)

trade 　**큰** 이익을 **살짝 붙여** 파는 것이 **장사**다.　　(장사 **상**)

商街	상가	가게가 늘어선 거리.
商權	상권	특정 사업상의 세력 범위.
商店	상점	상품을 파는 가게.
商品	상품	팔고 사는 물건.

prize — 높은 액수의 돈으로 상 주다 (상줄 상)

賞杯	상배	상으로 주는 잔이나 컵. 우승컵.	〈杯 잔배〉
賞罰	상벌	상과 벌.	〈罰 벌줄벌〉
賞春	상춘	봄 경치를 구경하여 즐김.	〈春 봄춘〉
賞勳	상훈	상과 훈장. 공훈을 포상함.	〈勳 공훈〉

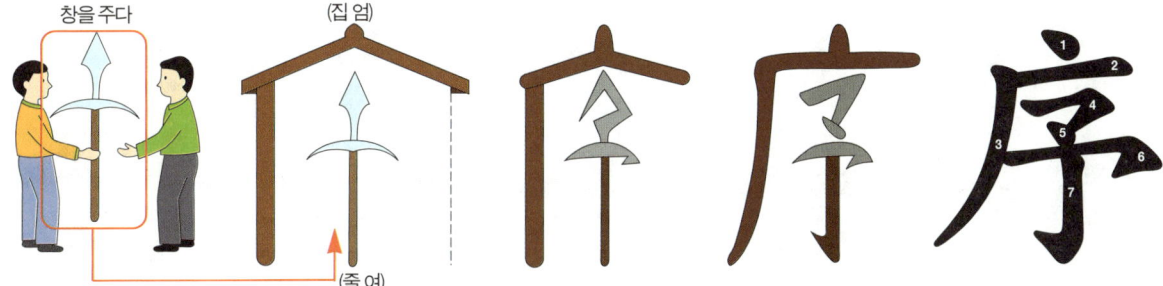

order — 집에서 창을 주니 차례로 받다 (차례 서)

序曲	서곡	가극, 성극에서 개막전에 연주하는 기악곡.	〈曲 굽을곡〉
序頭	서두	어떤 차례의 첫머리.	〈頭 머리두〉
序論	서론	서문으로 쓴 논설.	〈論 의논할론〉
序列	서열	순서를 좇아 늘어섬.	〈列 벌일 열/렬〉

hermit / fairy — 사람같이 생겨 산을 다스리는 이가 신선이다 (신선 선)

仙境	선경	신선이 산다는 곳. 선계.	〈境 지경 경〉
仙骨	선골	신선의 골격.	〈骨 뼈골〉
仙童	선동	선경에 산다는 아이. 신선.	〈童 아이동〉
仙侶	선려	동행자나 함께 노는 사람을 칭찬하는 말.	〈侶 짝려〉

(고기 어) (양 양)

fine / fresh
물고기나 (풀을 먹고 자란) 양은 곱다(깨끗하다). (고울/깨끗할 선)

鮮度	선도	야채, 어육 등의 신선한 정도.	〈度 법도 도〉
鮮明	선명	산뜻하고 밝음. 조촐하고 깨끗함.	〈明 밝을 명〉
鮮美	선미	산뜻하고 아름다움.	〈美 아름다울 미〉
生鮮	생선	잡은 그대로의 생생한 고기.	〈生 날 생〉

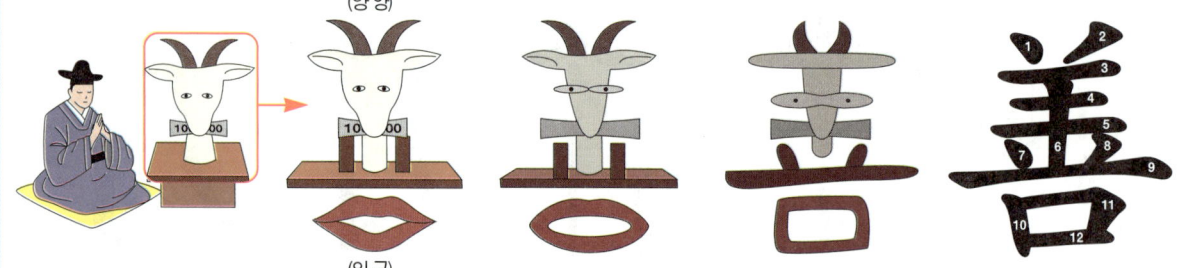
(양 양) (입 구)

good
(돈을 물린) 양머리를 받쳐 놓고 입으로 제 지내니 착하다 (착할 선)

善良	선량	착하고 어짊.	〈良 어질 량〉
善隣	선린	이웃과 사이좋게 지냄. 또 그러한 이웃.	〈隣 이웃 린〉
善戰	선전	잘 싸움.	〈戰 싸움 전〉
善處	선처	잘 처리함.	〈處 곳 처〉

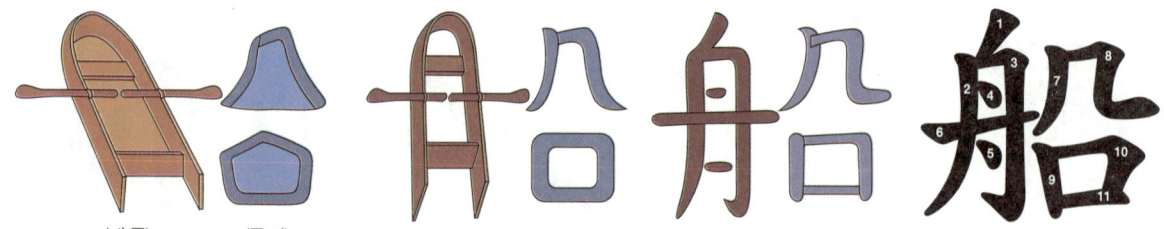
(배 주) (못 연)

ship
보트같이 생겨 못(연못)을 건너는 것이 배다 (배 선)

船路	선로	뱃길. 航路(항로).
船舶	선박	배. 배의 총칭.
船員	선원	배에서 일하는 사람.
警備船	경비선	해상을 경비하는 배.

(갈착)

select 구부리고 앉아 함께 엮은 고기를 나누어 가려고 가리어 뽑다 (가릴 / 뽑을 **선**)

選擧	선거	다수인 중에서 대표자를 뽑아 냄.	〈擧 들 거〉
選良	선량	선출된 인물.	〈良 어질 량〉
選拔	선발	많은 속에서 골라 추려 냄.	〈拔 뺄 발〉
選手	선수	경기에 뽑혀 출전하는 사람.	〈手 손 수〉

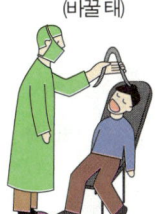   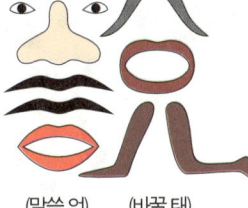  

집게로 입의 충치를 뽑아 이를 바꾸다.

speak / word 말을 존대말로 **바꾼** 것이 **말씀**이다. (말씀 **설 / 세**)

設敎	설교	종교의 교의를 설명함. 단단히 타일러 가르침.	〈敎 가르칠 료〉
說得	설득	여러가지로 설명하여 납득시킴.	〈得 얻을 득〉
說明	설명	풀어서 밝힘.	〈明 밝을 명〉
說往說來	설왕설래	서로 변론하여 말로 옥신각신함.	〈往 갈 왕/來 올 래〉

(가슴/마음 심) (날 생)

nature **가슴**에서 **생겨나는** 것이 **성품**이다 (성품 **성**)

性格	성격	각 사람의 특유한 성질.	〈格 격식 격〉
性燥	성조	성질이 조급함.	〈燥 마를 조〉
性品	성품	성질과 품격. 성질과 됨됨이.	〈品 물건 품〉
天性	천성	본래부터 타고난 성질.	〈天 하늘 천〉

사마귀가 걸어가는 모양 (걸음 보)

year

(옛날 주식이 개고기였을 때 유랑민족이)
걸어가면서 (止)개를 창으로 때려잡아 먹으며 한 해를 보내다

(해 세)

歲過	세과	해가 지나감. 세월이 흐름.	〈過 지날 과〉
歲末	세말	세밑. 연말(年末).	〈末 끝 말〉
歲暮	세모	한 해의 마지막 때.	〈暮 저물 모〉
歲拜	세배	섣달 그믐이나 정초에 하는 인사.	〈拜 절 배〉

소를 사람이 먼저 가축으로 부리다 (물 수) (먼저 선)

wash

물 속에 소보다 사람이 **먼저** 들어가 **씻다**.

(씻을 세)

洗腦	세뇌	상대를 정신마비 상태에 함입시켜 사상주의를 주입하는 일.	〈腦 머릿골 뇌〉
洗練	세련	지식과 기술을 익혀 어색하거나 서투른 데가 없게 함.	〈練 익힐 련〉
洗禮	세례	입교(入敎)하려는 사람에게 죄악을 씻은 표시로 행하는 의식.	〈禮 예도 례〉
洗滌	세척	깨끗이 씻음.	〈滌 씻을 척〉

bind

나무를 **묶다**

(묶을 속)

束手	속수	손을 묶음.	〈手 손 수〉
結束	결속	덩이가 되게 묶음.	〈結 맺을 결〉
團束	단속	잡도리를 단단히 함.	〈團 둥글 단〉
約束	약속	장래에 할 일에 관해 상대방과 서로 언약하여 정함.	〈約 약속할 약〉

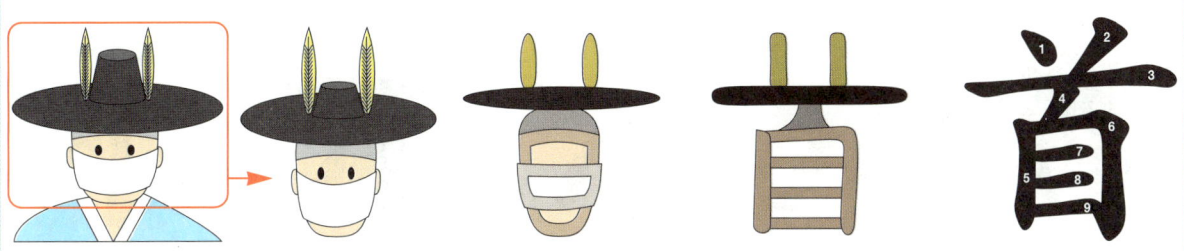

head 깃털을 단 모자를 쓰고 마스크를 한 머리의 모양을 본뜬 글자 (머리 **수**)

首魁	수괴	괴수(魁首).	〈魁 우두머리 괴〉
首肯	수긍	그러하다고 고개를 끄덕임.	〈肯 즐길 긍〉
首腦	수뇌	어떤 조직단체의 가장 핵심이 되는 자리를 차지한 사람.	〈腦 머릿골 뇌〉
首班	수반	행정부의 우두머리.	〈班 나눌 반〉

lodge 집에서 사람이 백여 명 자다 (별 / 잘 / 머무를 **숙 / 수**)

宿命	숙명	타고난 운명.	〈命 목숨 명〉
宿所	숙소	머물러 묵고 있는 곳.	〈所 바 소〉
宿敵	숙적	오래 전부터의 원수.	〈敵 원수 적〉
星宿	성수	모든 성좌의 별들.	〈星 별 성〉

mild / obey 냇물이 흐르듯 머리로 지시를 순하게 좇다. (순할 / 좇을 **순**)

順序	순서	차례. 次第(차제).	〈序 차례 서〉
順應	순응	순하게 대응함.	〈應 응할 응〉
順從	순종	순하게 따름.	〈從 좇을 종〉
順坦	순탄	길이 평탄함. 성질이 까다롭지 않음.	〈坦 평탄할 탄〉

exhibit — 제사상에 향을 피워 신에게 **보이다** — (보일/젯상) **시**

示範	시범	모범을 보임.	〈範 법 범〉
示唆	시사	미리 암시하여 일러 줌.	〈唆 부추길 사〉
示威	시위	위력이나 기세를 드러내어 보임.	〈威 위엄 위〉
指示	지시	가리켜 보임.	〈指 손가락/가리킬 지〉

(말씀 언) (소리 음) (창칼 과)

recognize — (옛날에는 후세에 전하기 위하여 들은 바 소리를 창칼로 새겨두는 벼슬직이 있었음) **말소리**를 듣고 **창칼**로 그 뜻을 **알아** 새기어 적다 — (알) **식 / 지**

識見	식견	학식과 견문, 곧 사물을 분별할 수 있는 능력.	〈見 볼 견〉
識別	식별	알아서 구별함.	〈別 다를 별〉
識者	식자	아는 것이 많은 사람.	〈者 놈 자〉
博識	박식	지식이 넓음.	〈博 넓을 박〉

subject — 신하의 옆 모습을 본뜬 글자 — (신하) **신**

臣道	신도	신하로서의 도리.	〈道 길 도〉
臣僚	신료	벼슬아치. 官吏(관리).	〈僚 동료 료〉
臣民	신민	신하와 백성.	〈民 백성 민〉
臣下	신하	임금을 섬기어 벼슬하는 사람.	〈下 아래 하〉

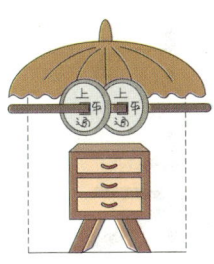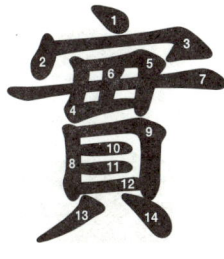

fruit 집 안에 꿴 돈이 돈궤에 가득 차 있듯 껍질 속에 꽉 차 있는 것이 **열매**다 **(열매 실)**

實感	실감	실제로 체험하는 듯한 느낌.	〈感 느낄 감〉
實利	실리	실지로 얻은 이익.	〈利 이로울 리〉
實務	실무	실지로 다루는 사무.	〈務 일 무〉
實存	실존	실제로 있음.	〈存 있을 존〉

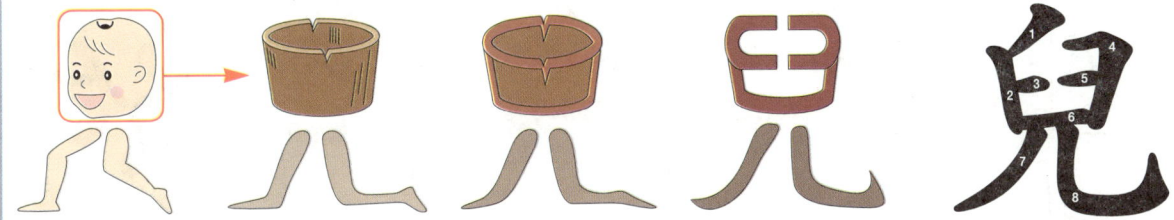

(절구 구) / (사람 인)

child 머리 위 숫구멍이 채 아물지 않아 머리가 **절구통**같은 **사람**이 아이다. **(아이 아)**

兒童	아동	어린아이, 초등학교에서 배우는 아이.	〈童 아이 동〉
幼兒	유아	어린아이.	〈幼 어릴 유〉
豚兒	돈아	남에게 대한 자기 아들의 겸칭.	〈豚 돼지 돈〉
健兒	건아	씩씩한 사나이.	〈健 건강할 건〉

(마음/가슴 심) (추할 아) (마음 심)

bad 곱사등같이 **추하게** 구부러진 **마음**을 가졌으니 **악하다** **(악할 악 / 오)**

惡意	악의	나쁜 생각. 나쁜 마음씨.	〈意 뜻 의〉
惡評	악평	나쁘게 말하는 비평.	〈評 평론할 평〉
惡漢	악한	나쁜 사람. 무뢰한.	〈漢 사나이 한〉
憎惡	증오	몹시 미워함.	〈憎 미워할 증〉

(편안 안) (나무 목)

table / desk 집에서 여자가 편안하게 쓰려고 나무로 만든 책상을 생각해 내다 (책상/생각할 **안**)

案件	안건	논의하거나 조사할 사항.	〈件 사건 건〉
案內	안내	인도하여 내용을 알려 주는 일.	〈內 안내〉
案出	안출	연구하여 냄. 생각해 냄.	〈出 낼 출〉
提案	제안	의안을 제출함. 또는, 그 의안.	〈提 끌 제〉

(실 사) (움켜잡을 작)

promise (청실 홍실) 실을 움켜 잡고 부부인연을 약속하다 (약속할 **약**)

約款	약관	약속한 조목. 규약.
約束	약속	묶음. 다발 지음. 언약함.
約條	약조	조항을 정하여 약속함.
約婚	약혼	혼인을 약속함.

집에서 정미기에 찧은 곡식으로 밥을 짓다

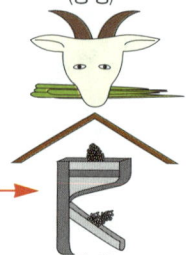

(양 양)

(밥 식)

breed 양고기와 밥을 먹고 몸을 기르다 (기를/봉양할 **양**)

養家	양가	양자가 되어 들어간 집.	〈家 집 가〉
養老	양로	노인을 봉양함.	〈老 늙을 로〉
養苗	양묘	묘목을 기름.	〈苗 싹 묘〉
養分	양분	영양이 되는 성분.	〈分 나눌 분〉

fish 　　　물고기의 모양 　　　(고기/물고기) **어**

魚群	어군	물고기 떼. 예)魚群探知器	〈群 무리 군〉
魚卵	어란	물고기 알.	〈卵 알 란〉
魚雷	어뢰	모양이 물고기 같은 공격용 수뢰.	〈雷 우뢰 뢰〉
乾魚	건어	마른 물고기. 예)乾魚物	〈乾 마를 건〉

(물 수) 　(물고기 어)

fishing 　　　물에서 물고기를 잡다 　　　(고기잡을 **어**)

漁撈	어로	수산물을 포획, 채취함.	〈撈 건져낼 로〉
漁網	어망	물고기 잡는 그물.	〈網 그물 망〉
漁夫	어부	물고기 잡이를 업으로 하는 사람.	〈夫 사내 부〉
漁船	어선	고기잡이 하는 배.	〈船 배 선〉

서서 말로 마음 먹은 바를 나타낸 것이 뜻이다　(뜻 의)　(사람 인)　(뜻 의)

hundred million 　　　사람의 뜻은 수 억 가지이다 　　　(억 **억**)

億劫	억겁	무한히 긴 오랜동안 또 그 세상.	〈劫 겁탈할 겁〉
億代	억대	아주 오랜 세대.	〈代 대신할 대〉
億兆	억조	썩 많은 수.	〈兆 조 조〉
億兆蒼生	억조창생	수많은 백성.	〈兆 조 조/蒼 푸를창/生 날생〉

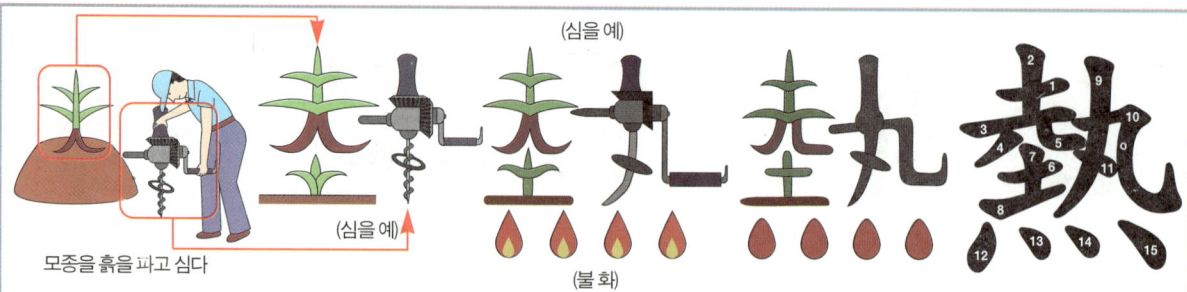

hot
심어 놓은 불길이 덥다   (더울 **열**)

熱氣	열기	뜨거운 기온. 더위.	〈氣 기운 기〉
熱望	열망	열렬히 바람. 갈망.	〈望 바랄 망〉
熱辯	열변	불을 뿜는 듯한 웅변.	〈辯 말잘할 변〉
熱中	열중	정신을 한 곳으로 집중시킴.	〈中 가운데 중〉

leaf
풀같이 세상에 나온 나무의 싹이 잎사귀다   (잎/잎사귀 **엽**)

葉肥	엽비	녹비의 일종. 나뭇잎등을 썩혀 만든 거름.	〈肥 살찔 비〉
葉書	엽서	우편 엽서.	〈書 글 서〉
葉錢	엽전	놋으로 만든 옛날의 돈.	〈錢 돈 전〉
葉茶	엽차	차나무의 잎을 따서 만든 찻감. 또, 그 물.	〈茶 차다/차 차〉

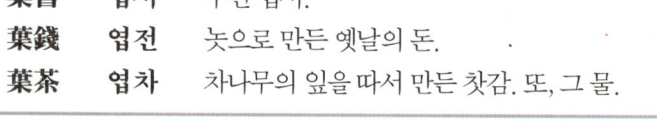

house / roof
집 추녀 밑에 이르니 집이다   (집 **옥**)

屋下私談	옥하사담	쓸데없는 사사로운 이야기.	〈下 아래 하/私 사사 사/談 말씀 담〉
屋號	옥호	가게나 술집의 이름.	〈號 부를 호〉
家屋	가옥	집.	〈家 집 가〉
草屋	초옥	초가집.	〈草 풀 초〉

(집면)　　　　　　　　　　　(으뜸 원)

perfect　　　집을 으뜸가게 완전하게 꾸미다　　　(완전할/꾸밀 **완**)

完璧	완벽	결점이 없이 훌륭함.	〈璧 바람벽 벽〉
完遂	완수	완전히 수행함.	〈遂 이룰 수〉
完全	완전	부족함이 없음.	〈全 온전할 전〉
完快	완쾌	병이 완전히 나음.	〈快 쾌할 쾌〉

(계집 녀)

require　　　가방은 여자에게 중요하다　　　(중요할 **요**)

要綱	요강	중요한 강령(綱領).	〈綱 벼리 강〉
要求	요구	강력히 청하여 구함.	〈求 구할 구〉
要領	요령	사물의 요긴하고 으뜸되는 줄거리.	〈領 거느릴 령〉
要約	요약	말이나 문장의 요점을 잡아 추림.	〈約 간략할 약〉

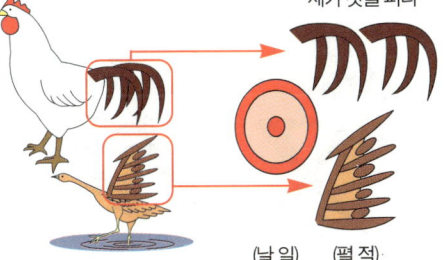

새가 깃을 펴다

(날 일)　(펼 적)

dazzle / shine　　　날이 햇빛이 퍼져 빛나다　　　(빛날/요일 **요**)

曜日	요일	일주일의 각 날을 이르는 말.	〈日 날 일〉
曜曜	요요	빛이 빛나는 모양.	〈曜 빛날 요〉
曜威	요위	위광(威光)을 빛 냄. 위엄을 보임.	〈威 위엄 위〉
曜魄	요백	북두성의 별명. 북두칠성(北斗七星).	〈魄 넋 백〉

(골짜기의 모양)　　(물 수)　(골 곡)

bathe　　　물이 있는 **골짜기(골)**에서 **목욕하다**　　　　(목욕할 **욕**)

浴場	욕장	목욕하는 곳.	〈場 마당 장〉
浴槽	욕조	목욕통.	〈槽 통 조〉
沐浴	목욕	머리를 씻고 더운물에 몸을 감음.	〈沐 머리감을 목〉
日光浴	일광욕	햇빛에 몸을 쬐는 것.	〈日 날 일/光 빛 광〉

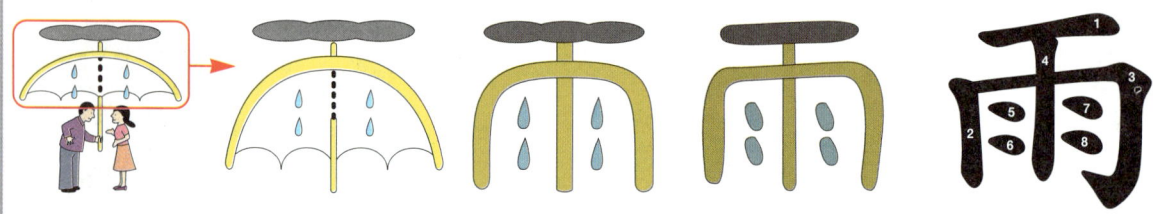

rain　　　**빗방울**이 **우산**에 떨어지는 모양, **비**를 뜻함　　　(비 **우**)

雨期	우기	일년중에서 비가 가장 많이 오는 시기.	〈期 기약 기〉
雨備	우비	우산, 유지, 삿갓, 도롱이 등 비를 가리는 여러 제구.	〈備 갖출 비〉
雨水	우수	빗물, 24절기의 하나.	〈水 물 수〉
雨滴	우적	빗방울.	〈滴 물방울 적〉

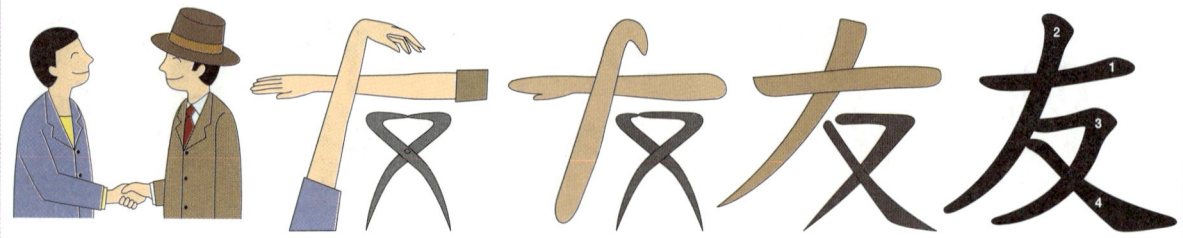

friend　　　**양손**을 **또** 잡고 반기는 사이가 **벗**이다　　　(벗 **우**)

友邦	우방	서로 사이 좋은 나라.	〈邦 나라 방〉
友愛	우애	형제간의 애정.	〈愛 사랑 애〉
友誼	우의	친구 사이의 정의.	〈誼 정분 의〉
友情	우정	친구 사이의 정. 友誼(우의).	〈情 뜻 정〉

cow   소의 모양   (소 **우**)

牛步	우보	소의 걸음. 느린 걸음.	〈步 걸음보〉
牛舍	우사	외양간.	〈舍 집사〉
牛羊	우양	소와 양.	〈羊 양양〉
牛肉	우육	쇠고기.	〈肉 고기육〉

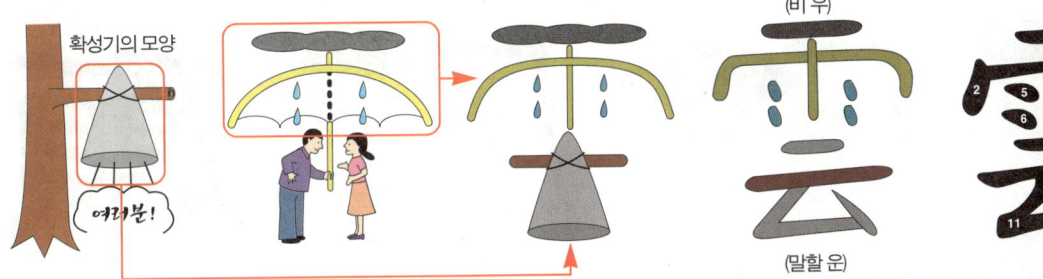

cloud   비 올 것을 **말하여** 주는 것이 **구름**이다   (구름 **운**)

雲髮	운발	여자의 탐스러운 머리 모양을 이르는 말.	〈髮 머리털 발〉
雲岩	운암	하늘을 찌를 듯 높이 솟은 바위.	〈岩 바위 암〉
雲集	운집	구름처럼 많이 모임.	〈集 모을집〉
雲海	운해	구름이 덮인 바다.	〈海 바다 해〉

male   손에 **쟁기**를 든 것처럼 **새**를 잡고 있기 힘들면 **수컷**이다   (웅장할 수컷 **웅**)

雄大	웅대	웅장하고 큼.
雄圖	웅도	웅대한 계획.
雄辯	웅변	힘 있고 유창한 말솜씨.
雄壯	웅장	굉장히 우람스러움.

first / root
엄지를 책상에 세워 으뜸이라고 알리는 모양   (으뜸 원)

元老	원로	연령, 덕망, 관직이 높은 공신.	〈老 늙을 로〉
元物	원물	어떤 수익물을 얻을 수 있는 근원이 되는 물건.	〈物 만물 물〉
元帳	원장	원장부(元帳簿).	〈帳 휘장 장〉
元祖	원조	첫대의 조상. 어떤 일을 시작한 사람.	〈祖 할아비 조〉

(근원 원)   (머리 혈)

desire
(생각의) 근원이 되는 머리로 잘 되기를 원하다   (원할 원)

願望	원망	원하고 바람.	〈望 바랄 망〉
願書	원서	청원하고 내용을 기록한 서류.	〈書 글 서〉
願人	원인	청원하거나 바라는 사람.	〈人 사람 인〉
念願	염원	생각하고 바람.	〈念 생각 념〉

origin
바위틈에서 솟는 밥 짓는 흰 물이 내의 근원이다   (근원 원)

原稿	원고	인쇄에 부치기 위해 쓴 초벌의 글, 그림.	〈稿 원고 고〉
原文	원문	본문.	〈文 글월 문〉
原本	원본	근본. 근원.	〈本 근본 본〉
原案	원안	회의에 부친 최초의 의안.	〈案 생각할 안〉

(집 면)

(언덕 부) (언덕 부) (으뜸 원)

public building 언덕에 집을 으뜸가게 지은 것이 관청이다 (관청/집 **원**)

院內	원내	'院'자가 붙은 각종 기관의 내부.
院生	원생	소년원에 수용되어 있는 사람.
院長	원장	'院'자가 붙은 기관의 장.
病院	병원	병자를 진찰하기 위해 설비한 건물.

(사람 인) (에워쌀 위)

사다리를 이용해 가죽을 말리려고 사방을 묶어 에워싼 모양

holy 사람들에게 에워싸여 있는 자가 훌륭한 위인이다. (거룩할/훌륭할 **위**)

偉功	위공	훌륭한 공적(功績).
偉名	위명	위대한 명성.
偉業	위업	위대한 사업이나 업적.
偉容	위용	훌륭하고 뛰어난 모습.

(사람 인) (설 립)

seat / rank (임금님 앞에서 조회할 때) 사람이 서 있는 자리가 벼슬 등급이다 (자리/벼슬 **위**)

位階	위계	벼슬의 품계.	〈階 섬돌 계〉
位相	위상	지역, 직급, 계급, 남녀, 연령 등의 차이에 의한 말씨의 차이.	〈相 서로 상〉
位置	위치	자리. 지위. 처소.	〈置 둘 치〉
位土	위토	수확을 제향에 관한 일에 쓰기 위해 설정한 토지.	〈土 흙 토〉

(보습(쟁기)사) (사람 인)

because / with   쟁기를 사람들이 옛날**부터 써** 오다   (부터/써 쓰다) **이**

以心傳心	이심전심	말, 글에 의하지 않고 마음에서 마음으로 전달 됨. 〈心 마음 심 / 傳 전할 전〉
以前	이전	이제 보다 전. 〈前 앞 전〉
以熱治熱	이열치열	열로써 열을 다스림. 〈熱 더울 열 / 治 다스릴 치〉
以內	이내	공간, 시간, 수량 따위의 한정된 범위의 경계보다도 안. 〈內 안 내〉

ear   **귀**의 모양을 본뜬 글자   (귀) **이**

耳明酒	이명주	귀밝이 술. 〈明 밝을 명 / 酒 술 주〉
耳目	이목	귀와 눈. 〈目 눈 목〉
耳目口鼻	이목구비	귀, 눈, 입, 코, 인물. 〈目 눈 목 / 口 입 구 / 鼻 코 비〉
耳順	이순	나이 예순의 일컬음. 〈順 순할 순〉

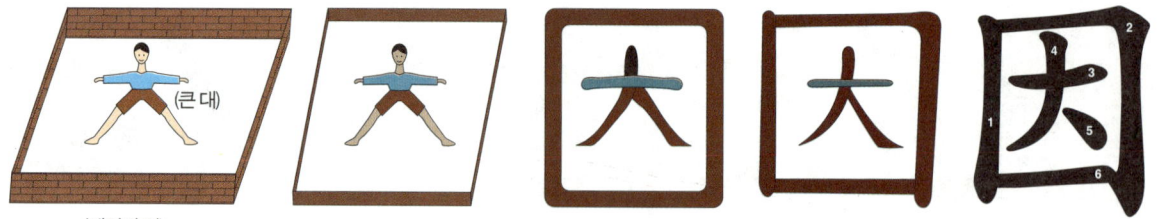

(큰 대)
(에워쌀 위)

cause   사면을 담장으로 **에워싸고 큰 사람**이 **의지하다**   (인할/의지할) **인**

因緣	인연	서로의 연분. 〈緣 인연 연〉
因循	인순	내키지 않아 머뭇거림. 〈循 돌 순〉
原因	원인	사물 상태의 말미암아 일어나는 근본. 〈原 근원 원〉
因習	인습	이전부터 전해 내려오는 습관. 〈習 익힐 습〉

(사람 인) (짊어질 임)

charge / entrust
사람에게 짊어질 일을 맡기다 (맡길 / 일 **임**)

任官	임관	관직에 임명됨.	〈官 벼슬관〉
任期	임기	어떤 직책을 맡는 기간.	〈期 기약기〉
任用	임용	관직을 주어 등용함.	〈用 쓸용〉
責任	책임	맡아서 해야 할 일.	〈責 꾸짖을책〉

곡예사가 재주 부리는 모양 (돈[貝] 패) (재주 재)

wealth
돈으로 재주부려 모은 것이 재물이다 (재물 **재**)

財界	재계	실업가 및 금융업자의 사회.	〈界 지경계〉
財務	재무	재정에 관한 사무.	〈務 힘쓸무〉
財物	재물	돈이나 그밖의 온갖 값나가는 물건.	〈物 만물물〉
財閥	재벌	재계에서 세력있는 자본가. 기업가의 일단.	〈閥 문벌벌〉

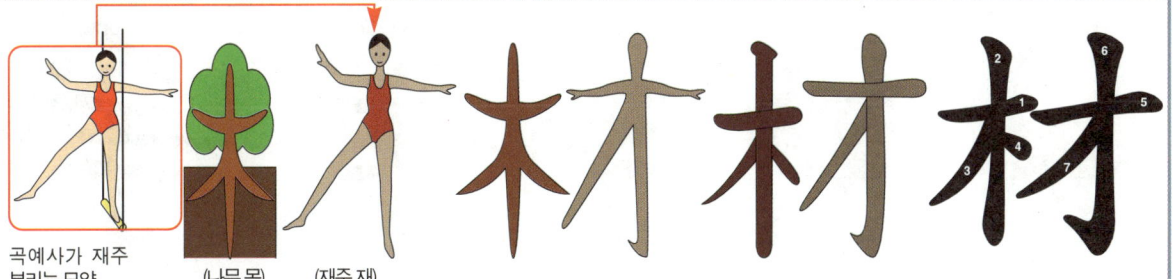

곡예사가 재주 부리는 모양 (나무 목) (재주 재)

timber
나무로 재주부린 것이 재목이다 (재목 **재**)

材幹	재간	솜씨. 手腕(수완).	〈幹 줄기간〉
材料	재료	물건을 만드는 감.	〈料 거리료〉
材種	재종	목재의 종류.	〈種 씨종〉
資材	자재	만드는 데 필요한 재료.	〈資 재물자〉

disaster 냇물이나 불이 덮치는 것이 **재앙**이다 (재앙 재)

災變	재변	재앙으로 말미암아 생긴 변고.	〈變 변할 변〉
災殃	재앙	천변 지이(天變地異)로 말미암은 불행한 사고.	〈殃 재앙 앙〉
災厄	재액	재앙과 액운.	〈厄 재앙 액〉
災異	재이	재앙이 되는 기이한 일.	〈異 다를 이〉

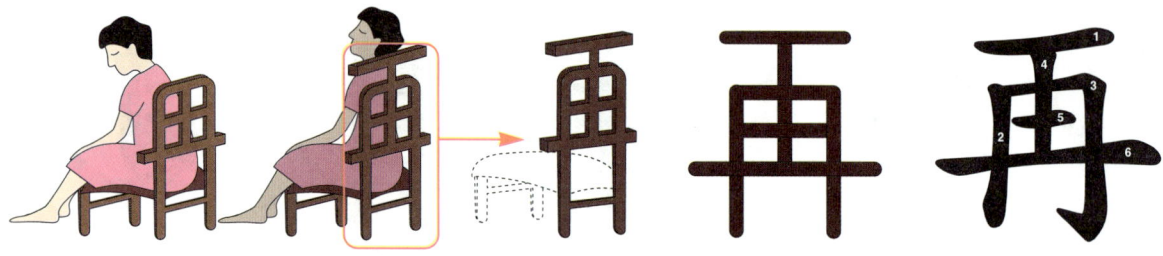

twice 의자에 **등받이**를 **거듭** 올린 모양 (거듭 / 두 재)

再論	재론	다시 논함.	〈論 의논할 론〉
再拜	재배	두 번 절함. 또 그 절.	〈拜 절 배〉
再生	재생	죽게 되었다가 다시 살아남.	〈生 날 생〉
再訴	재소	한 번 취하하였다가 기각당한 소송을 재기함.	〈訴 소송할 소〉

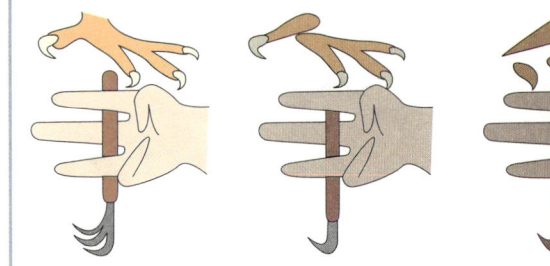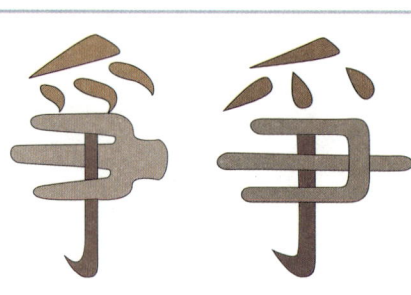

quarrel **손톱**과 **손**으로 **갈퀴**를 서로 가지려고 **다투다** (다툴 쟁)

競爭	경쟁	같은 목적에 관하여 서로 겨루어 다툼.	〈競 다툴 경〉
爭訴	쟁소	서로 송사로 다툼.	〈訴 소송할 소〉
爭議	쟁의	서로 제 의견을 주장하여 다툼.	〈議 의논할 의〉
爭點	쟁점	쟁송, 논쟁의 중심이 되는 중요한 점.	〈點 점 점〉

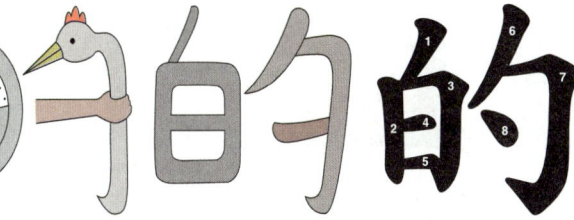
(집 면)
(돈[레] 패) (고무래 정)

store up   돈을 집안에 고무래 높이 만큼 쌓다   (쌓을 저)

貯金	저금	금융기관에다 돈을 맡겨 저축함. 또, 그 돈.	〈金 쇠금〉
貯藏	저장	물건을 모아 간수함.	〈藏 감출 장〉
貯蓄	저축	모아 쌓아둠.	〈蓄 쌓을 축〉
貯炭	저탄	숯, 석탄을 저장함. 또, 그 석탄.	〈炭 숯탄〉

흰 밥의 모양
(흰 백) (움켜잡을 작)

target   흰 표적을 화살이 날아가 움켜잡도록 만든 것이 과녁이다   (과녁 적)

的當	적당	틀림없이 꼭 맞음.
的中	적중	화살이 과녁에 맞음. 예측대로 맞음.
的確	적확	의심할 나위없이 확실함.
標的	표적	목표가 되는 물건.

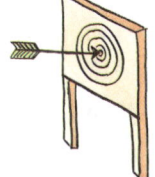

red   칼로 거북의 목을 따니 붉은 피가 나오다.   (붉을 적)

赤軍	적군	소련의 정규군. 공산군.	〈軍 군사 군〉
赤旗	적기	붉은기. 위험 신호의 기.	〈旗 기 기〉
赤裸裸	적나라	아무것도 몸에 지니지 않아 벌거숭이임.	〈裸 벌거숭이 라/나〉
赤道	적도	지구의 중심을 통하는 지축에 직각인 평면이 지표와 교차된 선.	〈道 길 도〉

5級

law   책으로 책상에 있는 것이 법전(책)이다   (법 전)

典據	전거	바른 증거.	〈據 의거할 거〉
典範	전범	규칙. 법(法). 본보기.	〈範 법 범〉
典籍	전적	중요한 옛 서적. 전서.	〈籍 서적 적〉
盛典	성전	성대한 의식. 盛儀(성의).	〈盛 성할 성〉

물레만 손으로 오로지 잣다
(사람 인) (오로지 전)   약 伝

convey   (문화나 소식 같은 것을) 사람만이 오로지 전하다   (전할 전)

傳記	전기	개인 일생의 사적의 기록.	〈記 기록할 기〉
傳達	전달	전하여 이르게 함.	〈達 통달할 달〉
傳來	전래	조상으로부터 대대로 전해져 옴.	〈來 올 래〉
口傳	구전	입이나 말로 전함.	〈口 입 구〉

spread   집에서 화초를 진열대 위에 펴놓다   (펼 전)

展開	전개	눈앞에 벌어짐.	〈開 열 개〉
展覽	전람	펴서 봄.	〈覽 볼 람〉
展眉	전미	근심이 풀려 찡그렸던 눈썹이 펴짐.	〈眉 눈썹 미〉
展性	전성	두드리거나 압착하면 얇게 퍼지는 금속의 성질.	〈性 성품 성〉

knot / joint — 대나무에 **이제 곧** 생긴 것이 **마디**다 (마디 **절**)

節氣	절기	한해를 스믈넷에 등분한 하나.
節度	절도	일이나 행동을 똑똑 끊어 맺는 마디.
節婦	절부	절개가 굳은 부인.
節約	절약	아껴 씀.

cut / all — **일곱** 등분 되게 **칼**로 **온통** 끊다 (끊을/온통 **절/체**)

切感	절감	절실히 느낌. 통감(痛感).	〈感 느낄 감〉
切斷	절단	끊어냄.	〈斷 끊을 단〉
切迫	절박	매우 가까이 닥침.	〈迫 핍박할 박〉
切實	절실	아주 긴요함.	〈實 열매 실〉

 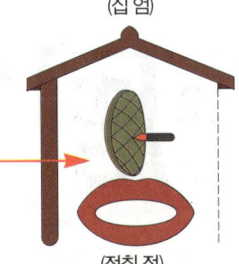

shop — **집**에서 **점** 쳐본 후 **가게**를 차리다 (가게 **점**)

店員	점원	상점에서 일하는 종업원.	〈員 인원 원〉
店主	점주	가게의 주인.	〈主 주인 주〉
店鋪	점포	상점. 가게를 벌인 집.	〈鋪 펼 포〉
本店	본점	영업의 본거지가 되는 점포.	〈本 근본 본〉

情 情 情 情 情

(푸를 청) (가슴/마음 심)

affection　　가슴에 있는 푸른 꿈이 뜻이다　　(뜻 **정**)

情景	정경	정취와 경색.	〈景 경치 경〉
情談	정담	다정한 이야기.	〈談 말씀 담〉
情分	정분	정이 넘치는 따뜻한 마음. 好意(호의).	〈分 나눌 분〉
無情	무정	인정이나 동정심이 없음.	〈無 없을 무〉

停 停 停 停

(사람 인) (정자 정)

stay　　사람이 정자에 올라 잠시 머무르다　　(머무를 **정**)

停船	정선	선박의 항행을 정지함.	〈船 배 선〉
停電	정전	송전이 한때 그침.	〈電 전기 전〉
停止	정지	중도에서 머무르거나 그침.	〈止 그칠 지〉
停滯	정체	사물이 한곳에 그쳐서 쌓임.	〈滯 막힐 체〉

調 周 調 調

거북등에는 네모꼴(口) 무늬가 두루 나 있다　(말씀 언) (두루 주)

even / adjust　　말을 두루 잘 어울리게 하여 알맞게 고르다　　(고를 **조**)

調査	조사	사물의 내용을 자세히 살펴 봄.	〈査 조사할 사〉
調印	조인	약정서에 도장을 찍음.	〈印 도장 인〉
調節	조절	사물을 정도에 맞추어 잘 고르게 함.	〈節 마디 절〉
調停	조정	분쟁을 중간에 서서 화해시킴.	〈停 머무를 정〉

새 새끼들이 입을 벌리고
나무 위에서 떠들다 (떠들소)　　(손 수)　　(떠들 소)

grasp　　**손**을 써 **떠드는** 놈을 **지조**를 지키도록 **잡다**.　　(지조/잡을) **조**

操鍊	조련	교련. 남을 몹시 강박함.
操業	조업	공장등에서 작업을 함.
操縱	조종	마음대로 부리어 복종케 함.
操舵	조타	배의 키를 잡음.

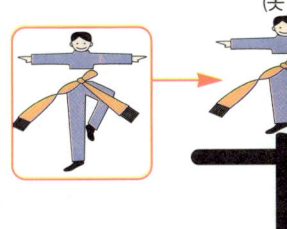
(옷 의)

(열 십)

soldier　　똑같은 **옷**을 입고 **십자**로 모여 선 자들이 **군사**이다　　(군사/마칠) **졸**

卒倒	졸도	심한 충격, 피로, 일사병 등으로 갑자기 현기증을 일으켜 넘어지는 일.
卒兵	졸병	병졸(兵卒).
卒業	졸업	규정된 교과 또는 학과 과정을 마침.
卒篇	졸편	시문의 전편을 죄다 끝맺거나 또는 읽기를 마침.

(무거울 중)
곡식을 마을까지 지고 가기가 무겁다　　(벼 화)　　(무거울 중)

seed　　**벼**의 **무거운** 알맹이를 골라 **종자 씨**로 쓰다　　(종자 / 씨) **종**

種類	종류	사물의 부문을 나누는 갈래.	〈類 무리 류〉
種目	종목	종류의 명목. 종류의 항목.	〈目 눈목〉
種別	종별	종류에 의한 구별.	〈別 다를별〉
種族	종족	같은 무리. 사람의 종류. 인류.	〈族 겨레 족〉

finish / end
실 잣는 일을 **겨우 내 끝내다** (마칠 / 끝낼 **종**)

終講	종강	강의를 끝마침.	〈講 익힐 강〉
終末	종말	끝. 끝판. 일의 마지막 판.	〈末 끝 말〉
終身	종신	한 평생. 죽을 때까지.	〈身 몸 신〉
最終	최종	맨 나중.	〈最 가장 최〉

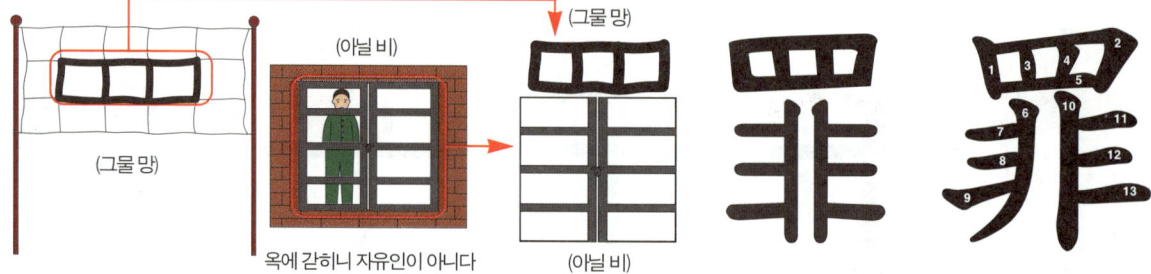

crime
그물(법망)에 걸려들 짓은 **아닌** 짓을 하는 것이 **죄다** (허물 / 죄 **죄**)

罪科	죄과	죄와 허물. 법률에 비추어 처벌함.	〈科 과목 과〉
罪目	죄목	범죄 행위의 명목.	〈目 눈 목〉
罪狀	죄상	범죄의 실상.	〈狀 형상 상〉
罪悚	죄송	죄스럽고 황송함.	〈悚 두려워할 송〉

round / turn
달리는 세월 속에 **두루두루** 돌아오는 것이 주일이다 (두를 / 주일 **주**)

週刊	주간	일주일에 한 번씩 발행하는 간행물.	〈刊 책펴낼 간〉
週年	주년	돌이 돌아온 해.	〈年 해 년〉
週報	주보	일주일에 한 번씩 발행하는 신문이나 잡지.	〈報 알릴 보〉
週初	주초	일주일간의 처음인 월·화요일.	〈初 처음 초〉

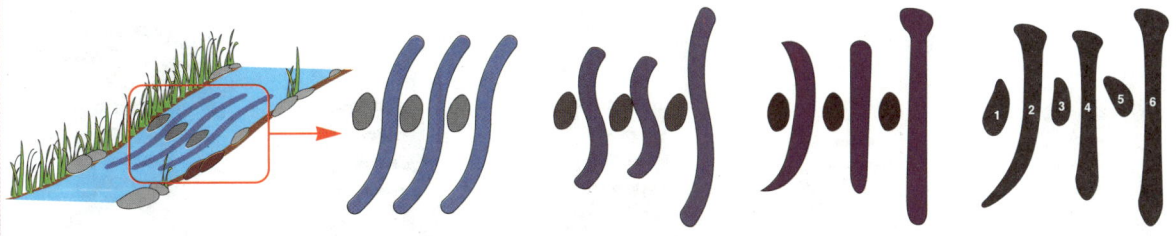

| **province** | 냇물 가운데 있는 땅도 **고을**이다 | (고을 **주**) |

州境	주경	주(州)의 경계.	〈境 지경 경〉
州郡	주군	주(州)와 군(郡).	〈郡 고을군〉
州旗	주기	주(州)를 대표하는 기.	〈旗 기기〉
州都	주도	주의 관청이 있는 도시.	〈都 도읍도〉

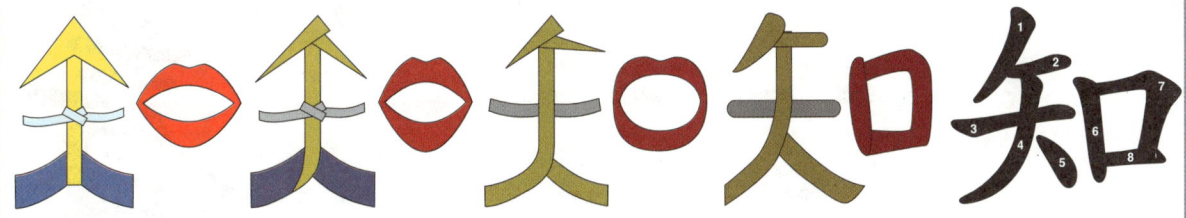

편지가 묶인 화살　　　　(화살 시)　(입 구)

| **know** | **화살**처럼 빨리 **입**으로 **알아** 맞추다. | (알 **지**) |

知悉	지실	자상히 앎. 죄다 앎.	〈悉 다 실〉
知者不言	지자불언	지자는 깊이 재능을 감추고 함부로 말을 안함.	〈者 놈자 / 不 아닐 불 / 言 말씀언〉
知的	지적	지식있는 상태. 지식에 관한 모양.	〈的 적실할적〉
知情	지정	남의 정상을 앎.	〈情 뜻정〉

| **stop** | **발목**을 **묶인** 새가 가는 것을 **그치고** 서 있다. | (그칠 **지**) |

止哭	지곡	곡을 그침.	〈哭 울곡〉
止痛	지통	아픔이 그침.	〈痛 아플통〉
停止	정지	머물러섬. 중지함.	〈停 그칠 지〉
止血	지혈	출혈을 멈춤.	〈血 피혈〉

(돈[게] 패)

quality 도끼 두 자루는 돈을 많이 주고 사 바탕(질)이 좋다 (바탕 질)

質問	질문	의문 이유를 캐어 물음.	〈問 물을 문〉
質疑	질의	의심나는 점을 물어 밝힘.	〈疑 의심할 의〉
質責	질책	꾸짖어 바로 잡음.	〈責 꾸짖을 책〉
素質	소질	본디부터 타고난 성질.	〈素 바탕 질〉

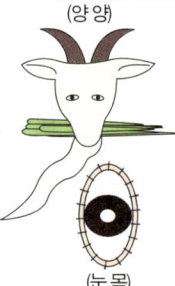
(양 양)
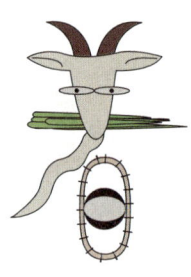
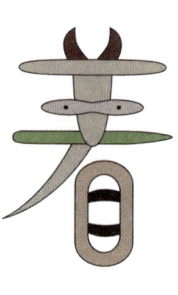

(눈 목)

attach 양들이 눈으로 보면서 붙어 다닌다. (붙을 착)

着工	착공	공사를 시작함.	〈工 장인 공〉
着想	착상	일의 실마리가 될 만한 생각.	〈想 생각할 상〉
着眼	착안	일의 기틀을 깨달아 잡음.	〈眼 눈 안〉
到着	도착	목적지에 다다름.	〈到 이를 도〉

participate 꽃을 꽂은 삿갓을 머리결 위에 쓰고 식에 참여하다. (참여할 참/삼)

參拜	참배	신이나 부처에게 배례함.
參與	참여	참가하여 관계함.
參酌	참작	이리저리 비교해 알맞게 헤아림.
參照	참조	참고로 맞대봄.

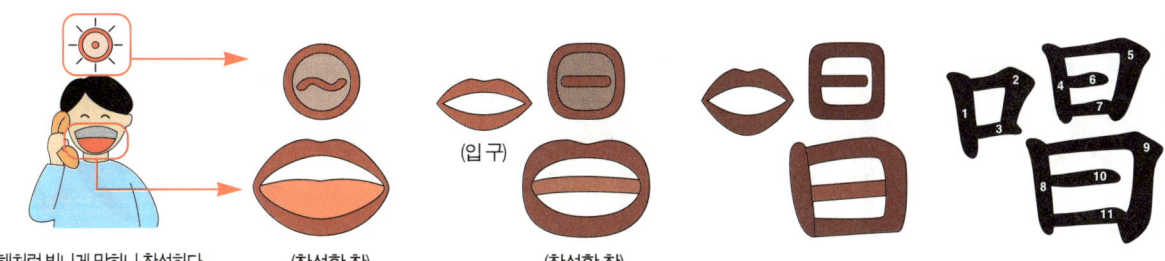

sing 입으로 창성하게 노래 부르다   (노래부를 **창**)

唱歌	창가	곡조에 맞추어 노래를 부름.
唱劇	창극	배역을 나누어 판소리를 연창하는 연주.
獨唱	독창	혼자 노래를 부름.
主唱	주창	주의나 주장을 앞장서서 부르짖음. 주장이 되어 창도(唱導)함.

reproach 가시로 찌르듯 돈을 책임지고 갚으라고 꾸짖다   (꾸짖을 책임 **책**)

責望	책망	허물을 들어 꾸짖음.	〈望 원망 망〉
責務	책무	직책과 임무. 맡은 바 일.	〈務 힘쓸 무〉
責任	책임	맡아서 해야 할 임무. 마땅히 해야 할 일.	〈任 맡길 임〉
重責	중책	중대한 책임. 엄중하게 책망함.	〈重 무거울 중〉

iron 금속의 일종으로 풀을 베는 창칼로 그 모습을 드러낸 물질이 쇠다   (쇠 **철**)

鐵筋	철근	콘크리트 속에 박는 가늘고 긴 철봉.	〈筋 근육 근〉
鐵則	철칙	변경하거나 어길 수 없는 굳은 규칙.	〈則 법칙〉
鐵塔	철탑	철근을 써서 만든 탑.	〈塔 탑 탑〉
鐵桶	철통	쇠로 만든 통.	〈桶 통 통〉

beginning 옷감에 **칼**질을 하는 것이 옷을 만드는 **처음** 과정이다 (처음 **초**)

初聞	초문	처음 듣는 말.
初犯	초범	처음으로 저지른 범죄.
初旬	초순	상순(上旬).
初志	초지	처음에 품은 의지.

 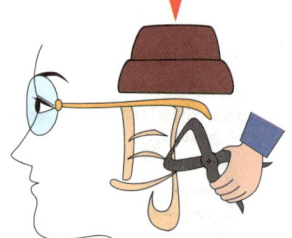 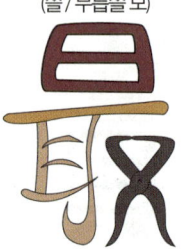 

most 전쟁터에서 위험을 **무릅쓰고** 적을 죽여 그 증거로 **귀**를 잘라 **가지고** 옴을 **가장** 큰 무공으로 치다 (가장 **최**)

最高	최고	가장 높음. 제일임.	〈高 높을 고〉
最近	최근	장소나 위치가 가장 가까움.	〈近 가까울 근〉
最上	최상	맨 위. 지상(至上).	〈上 위 상〉
最善	최선	가장 좋음.	〈善 착할 선〉

bless / celebrate **젯상**을 차리고 **형**이 복을 **빌**다 (빌 **축**)

祝文	축문	제사 때 신명(神明)에게 고하는 글.	〈文 글월 문〉
祝杯	축배	축하하는 뜻으로 드는 술잔.	〈杯 잔 배〉
祝福	축복	앞길의 행복을 빎.	〈福 복 복〉
祝賀	축하	남의 경사를 치하하는 일.	〈賀 하례할 하〉

fill up   갓 쓴 사람의 머리에 지식이 **가득하다**   (가득할/채울 **충**)

充當	충당	모자라는 것을 채워서 메움.	〈當 마땅할 당〉
充滿	충만	가득하게 차 있음.	〈滿 찰 만〉
充員	충원	부족한 인원을 채움.	〈員 인원 원〉
補充	보충	모자라거나 부족한 것을 보태어 채움.	〈補 도울 보〉

(이를 지) (두들길 복)

accomplish   (목적지에) **이르게 두들기며** 독촉해 끝내 **도달하다**   (이를/도달할 **치**)

景致	경치	자연계의 아름다운 현상.	〈景 경치 경〉
致命	치명	죽을 지경에 이름.	〈命 목숨 명〉
致死	치사	죽게 함.	〈死 죽을 사〉
致富	치부	재물을 모아 부자가 됨.	〈富 부자 부〉

(돈[궤] 패) (칼 도)

rule   **돈을 칼**로 베듯 **곧 법칙**대로 **나누다**   (곧 **즉** / 법·나눌 **칙**)

規則	규칙	규약한 법칙. 예)規則生活
原則	원칙	근본되는 규칙. 예)原則論
法則	법칙	반드시 지켜야 하는 규범.
效則	효칙	본받아서 법을 삼음.

打 打 打 打 打
(손 수)(고무래 정)

strike   손에 **고무래**를 들고 **치다**   (칠 **타**)

打算	타산	이해관계를 셈쳐봄.	〈算 셈할 산〉
打字	타자	타자기로 종이위에 글자를 찍는 일.	〈字 글자 자〉
打診	타진	남의 의사를 알아봄.	〈診 진찰 진〉
打合	타합	미리 상의함. 이리저리 할 것을 미리 합의함.	〈合 합할 합〉

(사람 인)(뱀 야)

different   **사람**과 **뱀**은 (근본적으로) **다르다**.   (다를 **타**)

他國	타국	다른 나라. 이방.	〈國 나라 국〉
他姓	타성	다른 성. 異姓.	〈姓 성씨 성〉
他意	타의	다른 생각이나 딴 마음.	〈意 뜻 의〉
排他	배타	남을 배척함. 反依他(의타)	〈排 물리칠 배〉

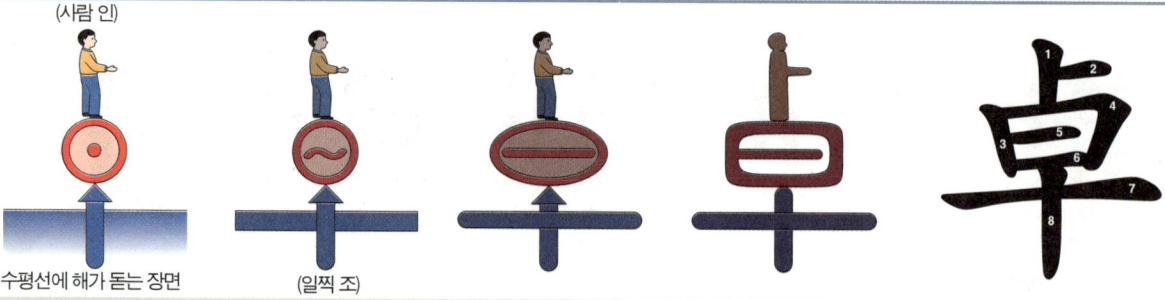
(사람 인)
수평선에 해가 돋는 장면   (일찍 조)

high   **사람**이 해돋는 아침부터 **일찍** 일어나 노력하면 **높이** 된다.   (뛰어날 / 높을 **탁**)

卓見	탁견	뛰어난 의견이나 식견.	〈見 볼 견〉
卓論	탁론	뛰어난 의론(議論). 탁월한 논지.	〈論 의논할 론〉
卓然	탁연	높이 뛰어나서 의젓한 모양.	〈然 그럴 연〉
卓越	탁월	월등하게 뛰어남.	〈越 넘을 월〉

charcoal 산 속에서 손수 불태워 만든 것이 숯이다 (숯 / 석탄 **탄**)

炭鑛	탄공	석탄광.	〈鑛 쇳돌 광〉
炭末	탄말	숯가루.	〈末 끝 말〉
炭酸	탄산	이산화탄소가 물과 화합하여 만들어내는 약한 산.	〈酸 초 산〉
炭素	탄소	비금속 원소의 하나로 무색 무취의 고체.	〈素 바탕 소〉

house 지붕을 덮고 몸을 의지하는 곳이 집이다 (집 **택**)

宅舍	택사	사람이 사는 집.	〈舍 집 사〉
宅地	택지	집터.	〈地 땅 지〉
家宅	가택	살림하는 집.	〈家 집 가〉
宅內	댁내	상대자를 높이어 그의 집안.	〈內 안 내〉

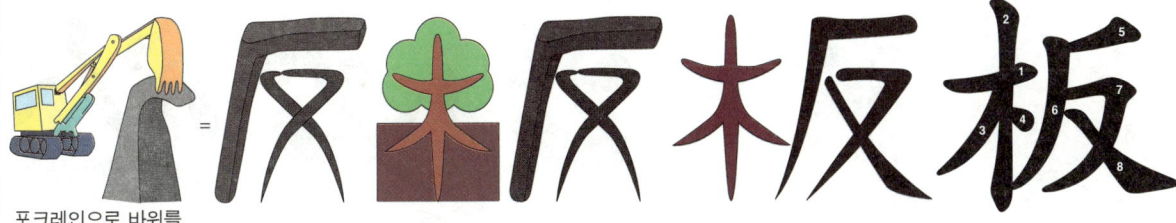

board 통나무의 반대가 널빤지이다 (널빤지 **판**)

板金	판금	크고 얇게 조각을 지은 쇠붙이.	
板子	판자	널빤지. 예)板子村	
看板	간판	글씨 따위를 써서 내건 표지.	
苗板	묘판	묘를 기르는 논밭. 못자리.	

못을 집게로 잡고

(돈[궤] 패) (두들겨 칠 복)

| defeat | 돈 때문에 두들겨 맞을 정도로 사업에 패하다 | 패할
(무너질 패) |

敗家	패가	가산을 다 써 없앰. 예)敗家亡身	〈家 집 가〉
敗亡	패망	패하여 망함. 예)敗亡原因	〈亡 망할 망〉
敗因	패인	실패한 원인. 예)敗因分析	〈因 인할 인〉
慘敗	참패	참혹한 실패. 참혹하게 짐.	〈慘 참혹할 참〉

| class / goods | 여러 종류의 물건이 쌓여 있는 모양 | 물건
종류 품 |

品種	품종	물품의 종류.	〈種 씨 종〉
品質	품질	물품의 성질.	〈質 바탕 질〉
品評	품평	품질에 대한 평정.	〈評 평론할 평〉
品行	품행	품성과 행실.	〈行 다닐 행〉

| necessarily | 가슴은 천으로 반드시 가려야 한다 | (반드시 필) |

必需	필수	반드시 없으면 안됨.	〈需 쓸 수〉
必是	필시	필연(必然).	〈是 이 시〉
必然	필연	그리 되는 수밖에 다른 도리가 없음.	〈然 그럴 연〉
必要	필요	꼭 소용이 됨.	〈要 중요할 요〉

writing brush 대나무로 붓대롱을 한 붓이 좋은 붓이다. (붓 **필**)

筆答	필답	글로 써서 답함.	〈答 대답할 답〉
筆力	필력	글씨의 획에 드러난 힘. 운필의 힘.	〈力 힘 력〉
筆跡	필적	쓴 글씨나 그린 그림의 형적.	〈跡 발자취 적〉
達筆	달필	익숙하게 잘 쓰는 글씨.	〈達 통달할 달〉

river 물이 옳게 모여 흘러가는 것이 냇물이다 (내 / 물 **하**)

河床	하상	물 흐르는 하천의 바닥.	〈床 평상 상〉
河岸	하안	하천 양쪽의 둔덕.	〈岸 언덕 안〉
河川	하천	강과 내. 시내. 강.	〈川 내 천〉
河海	하해	큰 강과 바다.	〈海 바다 해〉

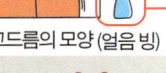

cold 집 안이 거적을 두른 사람 밑에도 얼음이 얼 만큼 차다 (찰 **한**)

寒暖	한난	추움과 따뜻함.	〈暖 따뜻할 난〉
寒暑	한서	추위와 더위.	〈暑 더위 서〉
寒雪	한설	차가운 눈.	〈雪 눈 설〉
寒食	한식	동지로부터 105일째 되는 날.	〈食 밥 식〉

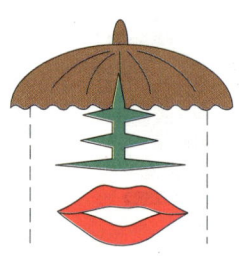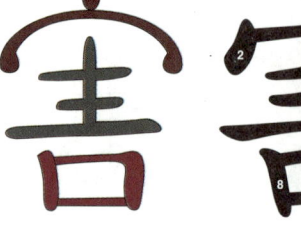

injure　집안을 어지럽게 난 풀같이 입으로 헐뜯어 해치다　(해칠/해할 **해**)

害心	해심	해치려는 마음.	〈心 마음 심〉
加害	가해	남에게 해를 줌.	〈加 더할 가〉
傷害	상해	남의 몸에 상처를 내어 해롭게 함.	〈傷 상할 상〉
自害	자해	스스로 제 목숨을 끊음.	〈自 스스로 자〉

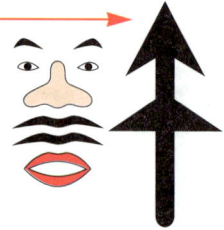

시침과 분침이 합쳐진 때가 곧 정오, 낮이다.　(말씀 언)　(낮 오)

permit　말씀한 바를 낮에 허락하다　(허락할 **허**)

許久	허구	매우 오래 됨.	〈久 오랠 구〉
許多	허다	매우 많음. 수두룩함.	〈多 많을 다〉
許容	허용	허락하여 용납함.	〈容 얼굴 용〉
特許	특허	특별히 허락함.	〈特 유다를 특〉

오래된 십자가 비석의 모양　(물 수)　(오랠 고)　(몸[통] 육)

lake　물이 오래 몸을 담고 있는 곳이 호수다　(호수 / 물 **호**)

湖南	호남	전라 남북도.	〈南 남녘 남〉
湖西	호서	충청 남북도.	〈西 서녘 서〉
湖畔	호반	호숫가.	〈畔 물가 반〉
江湖	강호	강과 호수(세상).	〈江 물 강〉

change 化 (화할/변할 화)

사람이 꼬부라진 몸으로 변하다

化生	화생	생성하는 일.	〈生 날생〉
化合	화합	두 가지 이상이 화학 변화로 새 물질이 되는 현상.	〈合 합할합〉
感化	감화	마음으로 느껴 변함. 예)感化敎育	〈感 느낄감〉
文化	문화	세상이 깨어 살기 좋아짐.	〈文 글월문〉

 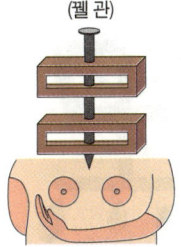 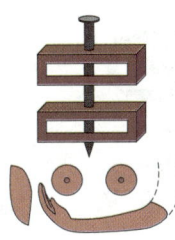  

anxiety 患 (근심 환)

(꿸 관) (마음 심)

(두 사람에게 연정을) 꿰고 있어 마음에 근심이 생기다

患苦	환고	근심 때문에 생기는 고통.	〈苦 괴로울고〉
患難	환난	근심과 재난. 예)國家患難	〈難 어려울난〉
患部	환부	병 또는 상처가 난 곳.	〈部 나눌부〉
患者	환자	병을 앓는 사람. 예)患者室	〈者 놈자〉

imitate 效 (본받을 효험 효)

(사귈 교) (사귈 교) (두드릴 복)

갓을 쓰고 견대를 좌우로 걸친 자가 친구와 사귀다

어진 사람과 사귀도록 늘 두들겨 치면 좋은 점을 본받는다

效果	효과	보람. 공공적 좋은 결과.	〈果 과실과〉
效能	효능	보람. 효험의 능력.	〈能 능할능〉
效率	효율	일의 능률(能率).	〈率 비율율〉
效用	효용	보람. 효험. 그 물건의 사용방법.	〈用 쓸용〉

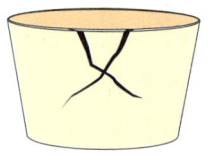
금이 간 사발 모양

evil
금이 간 사발이 보기 **흉하다** (흉할 **흉**)

凶物	흉물	성질이 음흉한 사람.	〈物 만물 물〉
凶惡	흉악	성질이 거칠고 사나움.	〈惡 악할 악〉
凶作	흉작	농산물의 소출이 적음.	〈作 지을 작〉
凶彈	흉탄	흉한이 쏜 총탄.	〈彈 탄환 탄〉

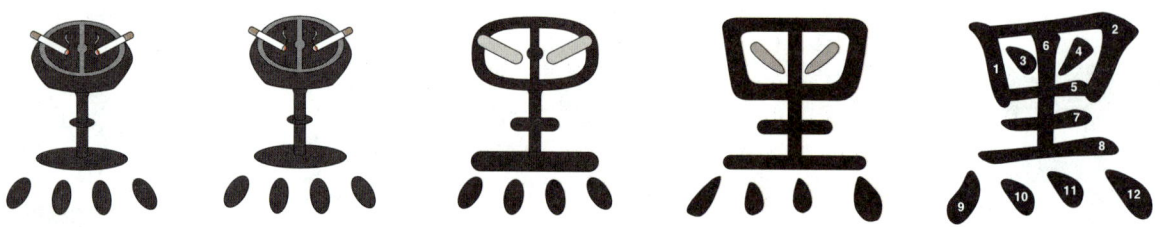

black
재떨이와 숯이 **검다** (검을 **흑**)

黑幕	흑막	검은 장막.	〈幕 장막 막〉
黑白	흑백	검은빛과 흰빛.	〈白 흰 백〉
黑色	흑색	검은빛.	〈色 빛 색〉
黑心	흑심	음흉하고 부정한 욕심많은 마음.	〈心 마음 심〉

한자능력검정시험 5급

찾아보기 : 자음 색인(字音索引)

가
可(옳을 가) 118
加(더할 가) 118
家(집 가) 27
歌(노래 가) 27
價(값 가) 118

각
各(각각 각) 64
角(뿔 각) 64

간
間(사이 간) 27

감
感(느낄 감) 64

강
江(물 강) 28
強(굳셀 강) 65

개
改(고칠 개) 119
開(열 개) 65

객
客(손 객) 119

거
去(갈 거) 120
車(수레 거/차) 28
擧(들/모두 거) 119

건
件(사건/일 건) 120
建(세울 건) 120
健(건강할 건) 121

격
格(이를격/가지각) 121

견
見(볼견/뵐현) 121

결
決(정할 결) 122
結(맺을 결) 122

경
京(서울 경) 65
景(볕경/그림자영) 123
敬(공경할 경) 122
輕(가벼울 경) 123
競(다툴 경) 123

계
界(지경 계) 66
計(셈할 계) 66

고
古(옛 고) 67
考(상고할 고) 124
告(알릴 고) 124
固(굳을 고) 124
苦(괴로울 고) 67
高(높을 고) 66

곡
曲(굽을 곡) 125

공
工(장인 공) 28
公(공변될 공) 67
功(공 공) 68
共(함께 공) 68
空(빌/하늘공) 29

과
果(과실 과) 69

科(과거/과목과) 68
過(지날/허물과) 125
課(부과할/과목과) 125

관
關(빗장/관계할관) 126
觀(볼/관계할관) 126

광
光(빛 광) 69
廣(넓을 광) 126

교
交(사귈 교) 69
校(학교 교) 8
敎(가르칠 교) 8
橋(다리 교) 127

구
九(아홉 구) 8
口(입 구) 29
具(갖출/그릇구) 127
區(나눌/구역구) 70
救(구원할 구) 128
球(구슬/공구) 70
舊(옛 구) 127

국
局(판/관청국) 128
國(나라 국) 9

군
軍(군사 군) 9
郡(고을 군) 70

귀
貴(귀할 귀) 128

규

規(법/바를규) 129

근
近(가까울 근) 71
根(뿌리/근본근) 71

금
今(이제 금) 71
金(쇠금/성김) 9

급
急(급할 급) 72
級(등급 급) 72
給(줄 급) 129

기
己(몸/천간기) 129
汽(김 기) 130
技(재주 기) 130
氣(기운 기) 30
記(적을 기) 30
基(터 기) 130
期(기약 기) 131
旗(기 기) 29

길
吉(길할 길) 131

남
男(사내 남) 30
南(남녘 남) 10

내
內(안내/여관나) 31

녀
女(계집 녀) 10

년
年(해 년) 10

념
念(생각 념) 131

농
農(농사 농) 31

능
能(능할 능) 132

다
多(많을 다) 72

단
短(짧을 단) 73
團(둥글/모일단) 132
壇(제터/단단) 132

담
談(말씀 담) 133

답
答(대답할 답) 31

당
堂(집 당) 73
當(마땅할 당) 133

대
大(큰 대) 11
代(대신할 대) 73
待(기다릴 대) 74
對(대답할 대) 74

덕
德(큰 덕) 133

도
到(이를 도) 134
度(법도도/헤아릴탁) 75
島(섬 도) 134
都(도읍 도) 134

道(길 도) 32
圖(그림 도) 74

독
讀(읽을독/구두점두) 75
獨(홀로 독) 135

동
冬(겨울 동) 32
同(한가지 동) 33
東(동녘 동) 11
洞(고을동/통할통) 33
動(움직일 동) 32
童(아이 동) 75

두
頭(머리 두) 76

등
登(오를 등) 33
等(무리 등) 76

락
落(떨어질 락) 135
樂(즐길락/풍류악) 76

랑
朗(밝을 랑) 135

래
來(올 래) 34

랭
冷(찰 랭) 136

량
良(어질 량) 136
量(헤아릴 량) 136

려
旅(나그네 려) 137

찾아보기

력
力 (힘 력) 34
歷 (지낼 력) 137

련
練 (익힐 련) 137

령
令 (명령할/우두머리령) 138
領 (거느릴/옷깃령) 138

례
例 (법식 례) 77
禮 (예도 례) 77

로
老 (늙을/익숙할로) 34
勞 (수고로울로) 138
路 (길 로) 77

록
綠 (푸를 록) 78

료
料 (헤아릴 료) 139

류
流 (흐를 류) 139
類 (무리 류) 139

륙
六 (여섯 륙) 11
陸 (뭍 륙) 140

리
利 (이로울 리) 78
里 (마을 리) 35
李 (오얏 리) 79
理 (다스릴/이치리) 78

림
林 (수풀 림) 35

립
立 (설 립) 35

마
馬 (말 마) 140

만
萬 (일만 만) 12

말
末 (끝 말) 140

망
亡 (망할 망) 141
望 (바랄 망) 141

매
每 (매양 매) 36
買 (살 매) 142
賣 (팔 매) 141

면
面 (낯 면) 36

명
名 (이름 명) 36
命 (목숨 명) 37
明 (밝을 명) 79

모
母 (어미 모) 12

목
木 (나무 목) 12
目 (눈 목) 79

무
無 (없을 무) 142

문
文 (글월 문) 37
門 (문 문) 13
問 (물을 문) 37

聞 (들을 문) 80

물
物 (만물 물) 38

미
米 (쌀 미) 80
美 (아름다울 미) 80

민
民 (백성 민) 13

박
朴 (순박할 박) 81

반
反 (돌이킬반/뒤칠번) 81
半 (반 반) 81
班 (나눌 반) 82

발
發 (필 발) 82

방
方 (모/방위 방) 38
放 (놓을 방) 82

배
倍 (곱/더할 배) 142

백
白 (흰 백) 13
百 (일백 백) 38

번
番 (차례번/땅이름반) 83

법
法 (법 법) 143

변
變 (변할 변) 143

별
別 (다를 별) 83

병
兵 (군사 병) 143
病 (병들 병) 83

복
服 (옷/복종할복) 84
福 (복 복) 144

본
本 (근본 본) 84

봉
奉 (받들 봉) 144

부
父 (아비 부) 14
夫 (사내 부) 39
部 (무리/거느릴부) 84

북
北 (북녘북/달아날배) 14

분
分 (나눌 분) 85

불
不 (아닐불/아닐부) 39

비
比 (견줄 비) 144
費 (소비할/비용비) 145
鼻 (코 비) 145

빙
氷 (얼음 빙) 145

사
士 (선비 사) 146
四 (녁 사) 14
史 (역사 사) 146
仕 (벼슬 사) 146
死 (죽을 사) 86

使 (하여금/사신사) 85
社 (모일 사) 85
事 (일 사) 39
思 (생각할 사) 147
査 (조사할 사) 147
寫 (베낄 사) 147

산
山 (메 산) 15
産 (낳을 산) 148
算 (셈할 산) 40

삼
三 (석 삼) 15

상
上 (위 상) 40
相 (서로 상) 148
商 (장사 상) 148
賞 (상줄 상) 149

색
色 (빛 색) 40

생
生 (날 생) 15

서
西 (서녘 서) 16
序 (차례 서) 149
書 (글 서) 86

석
夕 (저녁 석) 41
石 (돌 석) 86
席 (자리 석) 87

선
仙 (신선 선) 149
先 (먼저 선) 16

船 (배 선) 150
善 (착할 선) 150
線 (줄 선) 87
選 (가릴 선) 151
鮮 (고울/생선선) 150

설
雪 (눈 설) 87
說 (말씀설/달랠세) 151

성
成 (이룰 성) 88
性 (성품 성) 151
姓 (성 성) 41
省 (살필성/덜생) 88

세
世 (인간 세) 41
洗 (씻을 세) 152
歲 (해/세월 세) 152

소
小 (작을 소) 16
少 (적을/젊을소) 42
所 (바 소) 42
消 (끝 소) 88

속
束 (묶을 속) 152
速 (빠를 속) 89

손
孫 (손자 손) 89

수
手 (손 수) 42
水 (물 수) 17
首 (머리 수) 153
數 (셈수/자주삭) 43

찾아보기

樹(나무 수) 89

숙
宿(잘숙/별수) 153

순
順(순할/차례순) 153

술
術(재주 술) 90

습
習(익힐 습) 90

승
勝(이길 승) 90

시
市(저자 시) 43
示(보일 시) 154
始(비로소 시) 91
時(때 시) 43

식
式(법 식) 91
食(밥식/밥사) 44
植(심을식/둘치) 44
識(알식/기록할지) 154

신
臣(신하 신) 154
身(몸 신) 92
信(믿을 신) 91
神(귀신 신) 92
新(새 신) 92

실
失(잃을 실) 93
室(집 실) 17
實(열매실/이룰지) 155

심
心(마음 심) 44

십
十(열 십) 17

아
兒(아이아/연약할예) 155

악
惡(악할악/미워할오) 155

안
安(편안할 안) 45
案(책상/생각할안) 156

애
愛(사랑 애) 93

야
夜(밤 야) 94
野(들 야) 93

약
約(약속할약/부절요) 156
弱(약할 약) 94
藥(약 약) 94

양
洋(큰바다 양) 95
陽(볕 양) 95
養(기를/봉양할양) 156

어
魚(물거기 어) 157
語(말씀 어) 45
漁(고기잡을 어) 157

억
億(억 억) 157

언
言(말씀 언) 95

업
業(업 업) 96

연
然(그럴 연) 45

열
熱(더울 열) 158
葉(잎사귀엽/성섭) 158

영
永(길 영) 96
英(꽃부리/뛰어날영) 96

오
五(다섯 오) 18
午(낮 오) 46

옥
屋(집 옥) 158

온
溫(따뜻할 온) 97

완
完(완전할 완) 159

왕
王(임금 왕) 18

외
外(바깥 외) 18

요
要(종요로울요) 159
曜(빛날 요) 159

욕
浴(목욕할 욕) 160

용
用(쓸 용) 97
勇(날랠 용) 97

우
友(벗 우) 160
牛(소 우) 161
右(오른쪽 우) 46
雨(비 우) 160

운
雲(구름 운) 161
運(돌/운수 운) 98

웅
雄(수컷/웅장할웅) 161

원
元(으뜸 원) 162
原(근원 원) 162
院(집 원) 163
園(동산 원) 98
遠(멀 원) 98
願(원할 원) 162

월
月(달 월) 19

위
位(자리/벼슬위) 163
偉(거룩할 위) 163

유
由(말미암을유) 99
有(있을 유) 46
油(기름 유) 99

육
育(기를 육) 47

은
銀(은 은) 99

음
音(소리 음) 100
飮(마실 음) 100

읍
邑(고을 읍) 47

의
衣(옷 의) 101
意(뜻 의) 100
醫(의원 의) 101

이
二(두 이) 19
以(써 이) 164
耳(귀 이) 164

인
人(사람 인) 19
因(인할 인) 164

일
一(한 일) 20
日(날 일) 20

임
任(맡길 임) 165

입
入(들 입) 47

자
子(아들 자) 48
自(스스로 자) 48
字(글자 자) 48
者(놈 자) 101

작
作(지을/만들주) 102
昨(어제 작) 102

장
長(긴 장) 20
章(글/문체장) 102
場(마당장/곳량) 49

재
才(재주 재) 103
再(두 재) 166
在(있을 재) 103
材(재목 재) 165
災(재앙 재) 166
財(재물 재) 165

쟁
爭(다툴 쟁) 166

저
貯(쌓을 저) 167

적
赤(붉을 적) 167
的(적실할/과녁적) 167

전
全(온전할/모두전) 49
典(법 전) 168
前(앞 전) 49
展(펼 전) 168
電(번개/전기전) 50
傳(전할/전기전) 168
戰(싸움 전) 103

절
切(끊을절/모두체) 169
節(마디 절) 169

점
店(가게 점) 169

정
正(바를 정) 50
定(정할 정) 104
庭(뜰 정) 104
停(머무를 정) 170

찾아보기

정
情(뜻 정) 170

제
弟(아우 제) 21
第(차례 제) 104
題(제목 제) 105

조
祖(할아비 조) 50
朝(아침 조) 105
調(고를 조/아침 주) 170
操(잡을/지조 조) 171

족
足(발족/지나칠 주) 51
族(겨레 족) 105

졸
卒(군사/마칠 졸) 171

종
終(마칠 종) 172
種(씨/심을 종) 171

좌
左(왼쪽 좌) 51

죄
罪(허물 죄) 172

주
主(주인 주) 51
州(고을 주) 173
住(살 주) 52
注(물댈 주) 106
晝(낮 주) 106
週(두를 주) 172

중
中(가운데 중) 21
重(무거울 중) 52

지
止(그칠 지) 173
地(땅 지) 52
知(알 지) 173
紙(종이 지) 53

직
直(곧을 직) 53

질
質(바탕/볼모 질) 174

집
集(모음 집) 106

착
着(붙을 착) 174

참
參(참여할참/빽빽할삼) 174

창
唱(노래부를 창) 175
窓(창 창) 107

책
責(꾸짖을책/빚채) 175

천
千(일천 천) 53
川(내 천) 54
天(하늘 천) 54

철
鐵(쇠 철) 175

청
靑(푸를 청) 21
淸(맑을 청) 107

체
體(몸 체) 107

초

初(처음 초) 176
草(풀 초) 54

촌
寸(마디 촌) 22
村(마을 촌) 55

최
最(가장 최) 176

추
秋(가을 추) 55

축
祝(빌 축) 176

춘
春(봄 춘) 55

출
出(날 출) 56

충
充(찰/가득할 충) 177

측
測(잴 측) 260

치
致(이를 치) 177

칙
則(법칙/곧 즉) 177

친
親(친할/어버이 친) 108

칠
七(일곱 칠) 22

타
打(칠 타) 178
他(다를 타) 178

탁
卓(높을 탁) 178

탄
炭(숯 탄) 179

태
太(클/콩 태) 108

택
宅(집택/댁 댁) 179

토
土(흙 토) 22

통
通(통할 통) 108

특
特(특별할/유다를 특) 109

판
板(널/판자 판) 179

팔
八(여덟 팔) 23

패
敗(패할 패) 180

편
便(편할편/오줌 변) 56

평
平(평평할 평) 56

표
表(거죽 표) 109

품
品(물건 품) 180

풍
風(바람 풍) 109

필
必(반드시 필) 180
筆(붓 필) 181

하

下(아래 하) 57
河(물 하) 181
夏(여름 하) 57

학
學(배울 학) 23

한
寒(찰/가난할 한) 181
漢(한수/나라 한) 57
韓(한나라 한) 23

합
合(합할합/흡 흡) 110

해
害(해칠해/어찌갈) 182
海(바다 해) 58

행
行(다닐행/항렬 항) 110
幸(다행 행) 110

향
向(향할 향) 111

허
許(허락할허/이영차 호) 182

현
現(나타날/이제 현) 111

형
兄(맏 형) 24
形(형상/얼굴 형) 111

호
湖(호수 호) 182
號(부르짖을 호) 112

화
火(불 화) 24
化(될 화) 183

花(꽃 화) 58
和(화할 화) 112
畵(그림화/그릴 획) 112
話(말할 화) 58

환
患(병들/근심 환) 183

활
活(살활/물소리 괄) 59

황
黃(누를 황) 113

회
會(모을 회) 113

효
孝(효도 효) 59
效(본받을 효) 183

후
後(뒤 후) 59

훈
訓(가르칠 훈) 113

휴
休(쉴 휴) 60

흉
凶(흉할 흉) 184

흑
黑(검을 흑) 184